登自己的山

All This Wild Hope

Letters from Russia

Astolphe de Custine

IV

俄 国 来 信

[法] 阿斯托尔夫·德·屈斯蒂纳○著

李晓江○译

GUANGXI NORMAL UNIVERSITY PRESS

广西师范大学出版社

·桂林·

目 录
CONTENTS

第三十封信

特罗伊察修道院，8 月 17 日

内地的道路·农庄和乡间的宅邸·单调是这片土地最大的特点·农民的田园生活·女人和年老男子的美·把政治上的混乱归咎于波兰人·特罗伊察修道院的一夜·裴斯泰洛奇论仪容整洁·修道院的内部·朝圣者·圣谢尔盖·修道院的历史·它的墓寝和珍宝·在俄国旅行不方便的地方·水质很差·不诚实是全民的特点

如果我们相信俄国人的说法，他们所有的道路，哪怕那些不是交通干线的道路，在夏季都很好。我发现它们全都很烂。道路崎岖不平，有时宽得像田野，有时又极为狭窄。通过沙质路基时，马会陷进去直到膝盖以上，气喘吁吁，不听使唤，每走上二十码就不肯拉了。即便这些路过去了，也很快会陷入烂泥潭，里面有看不见的大石头和很粗的树桩，它们对车辆的破坏性非常大。乡下的道路就是如此，只有几个季节例外，比如在它们完全不能通行的时候，在极端的寒冷让旅行变得危险的时候，在暴风雪掩埋了大地的时候，或者在冰雪消融引发的洪水一年中有大约三个月把低洼的平原变成湖泊的时候——即夏季过后大约六周，以及冬季过后同样多的时间，而在一年中剩下的时间里，它们也一直是沼泽。风景始终一样。村庄仍然是同样的两排小木屋，多少不等都有雕刻的彩色装饰。木屋的山墙总是朝着街道，一侧带有院子或者大棚。乡下仍然是同样的单调，尽管有高低起伏的平原，而且平原时而有很多沼泽，时而有很多沙地。少数田野，由冷杉林围成的宽阔的牧场，时而在远处，时而紧挨着道路，有时长势旺盛，但更多时候是稀稀拉拉的：所有那些广袤的地区外表都是如此。偶尔可以看到一座乡间住宅，或者大的、公馆一样的农庄住宅。这些是庄园主的宅第，或者土地业主的住宅。旅行家看到它们，就如同在沙漠中看到绿洲。

有些外省的村舍是用黏土建的，这种情况下它们看上去就比较寒酸，尽管总体特点仍然差不多。但是，从帝国的一端到另一端，大部分乡下的住房都是用又长又粗的木头建造的。木头砍削得很粗糙，但都用苔藓和树脂仔细地填了缝。克里米亚是个例外，它完全属于南方。但是，这个地区与整个帝国相比，不过是不起眼的一个小点。

单调是俄国最神奇的地方，然而，对于喜欢独处的人来说，即便是这种单调也有某种魅力。在这些没有变化的景色中，极度的寂静有时会在一望无际的荒原上显得格外庄严。

远处的森林的确没有表现出任何变化。它不美,但谁能量出它的深度?一想到只有中国的长城才是它的边界,我们就生出几分敬意。大自然像音乐一样,其强大的魅力有一部分就来自重复。多么奇特的神秘,依靠千篇一律令印象倍增!如果过于寻求新奇和花样,那就有只找到乏味和拙劣之物的危险,这从缺乏天赋的现代音乐家那里就可以看到。但是,反过来说,如果艺术家勇敢地面对简单这个危险,艺术就会变得像大自然一样庄严。古典风格——我是在它古代的意义上用的这个词——从前就没什么花样。

田园生活永远有种奇怪的魅力。其平静而有规律的日常事务符合人们原始的性格,并在很长时间内保持了各种族的青春活力。从来不离开故土的牧人,无疑是俄国人当中最幸福的。单是他们的美——这一点离雅罗斯拉夫尔越近就越是明显——就充分说明了他们的生活方式。

我遇到几个特别漂亮的农家少女——在俄国,这对我来说是个新奇的事情——她们长着金色的头发,皮肤极为细腻而且几乎没有颜色,眼睛虽然带有淡淡的蓝色,却因为其亚洲人的形状和含情脉脉的样子而特别有神。如果这些长相类似于希腊人的少女,能像西班牙女人那样用衬垫把裙子后面撑起来,并像她们那样动作轻快,那就会成为世上最妩媚的人。这个地区的许多女人穿着都很漂亮。她们在衬裙外面穿着小骑装，或者皮毛镶边、长及膝盖的袍子，非常合身，让整个人显得很优雅。

无论在哪里，我都没有看到过像俄国这个地区那么多美丽的秃头和银发。耶和华的头像，列奥纳多·达·芬奇第一个学生的那些杰作，不像我在欣赏卢伊尼[1]在拉伊纳泰、卢加诺和米兰的壁画时以为的那么构思完美。这些头像在这里有活生生的例子。坐在他们小木屋的门口，我看到的年老男人容光焕发，脸上没有皱纹，蓝眼睛炯炯有神、表情平静，银色的胡须在阳光下闪闪发光，嘴角挂着慈祥的微笑，就像立在村口的许许多多的保护神。旅行家在经过时，会受到这些端坐于故土的高贵人物的欢迎。他们是名副其实的古代的雕像，是异教徒会崇拜而基督徒一定会带着由衷的敬意加以赞美的热情好客的象征；因为在老年人身上，美不再是肉体的，它描绘了灵魂在胜利之后的凯旋。

只有到俄国的农民中才能发现纯粹的父权制社会。感谢天主不顾政府的过错把幸福赐给这些温和的人，他们从生到死，过着年复一年的清白的生活。

愿工业和现代启蒙观点的天使或恶魔宽恕我！但是，

---

1 伯纳迪诺·卢伊尼（Bernardino Luini，1480/1482—1532），文艺复兴全盛期的北意大利画家。

当我在俄国老农非常美丽的表情中看到无知结出的果实时，我不由得在无知中发现了伟大的魅力。

这些现代的家长——作为劳动者，他们的工作不再必须要做了——黄昏时端坐在小屋的门口。那些小屋他们或许已经亲手翻建过几回了，因为在这种严酷的气候下，房屋的寿命还赶不上人的寿命。老人倚在根本不用闩的门上，脸上透露出内心的平静。如果我的俄国之行只带回关于他们的记忆，我也不会后悔费了那么大的劲儿，来端详与世界上其他任何地方的农民都如此不同的人们。庄严的小木屋将永远在我的心中激起深深的敬意。

所有确定不变的政府，不管它们在某些方面可能有多坏，总归有好的结果，而所有被统治的民族也都有某些东西，可以安慰他们为社会生活做出的牺牲。

然而，在这种让我非常羡慕而且我觉得也非常有感染力的平静的下面，是什么样的混乱，什么样的暴力，和什么样虚假的安全啊！

就在我写了那么多的时候，一个在我后面几个小时离开莫斯科的熟人——他的话我信得过——到了特罗伊察，听说我准备在这里过夜，就要求趁他换马的时候看看我。他向我证实了我已经听到的消息：由于农民造反，辛比尔斯克地区有八十个村子刚刚被烧毁。俄国人说这些骚乱是波兰人的阴谋。"波兰人把俄国烧掉有什么好处？"我问给我讲这件事的人。"没有任何好处，"他回答说，"除了想激怒俄国政府，因为他们唯一害怕的就是让他们安安稳稳地过日子。"

"您让我想起了我们第一次革命初期的那帮纵火的，"我说，"他们指控贵族烧掉了他们自己的庄园。"

"您不会相信我的话，"那个俄国人说，"但是，我凭密切的观察和经验知道，每当波兰人看到皇帝想要开恩的时候，他们就策划新的阴谋，把乔装的密使派到我们当中，甚至在他们无法煽动真正的阴谋时，就编造阴谋。他们所做的一切，就是想引起俄国对他们国家的仇恨，进而对他们和他们的国家做出新的判决。事实上，他们最害怕的就是宽恕，因为俄国政府的温和会改变他们农民的看法，甚至会让那些农民爱上他们的敌人。"

"这对我来说好像是充满英雄气概的马基雅维利主义，"我回答说，"但我不可能相信。如果真是那样，那你们为什么不宽恕他们好去惩罚他们呢？那样一来，你们不但比他们强大，还比他们聪明。可你们恨他们，而且我相信，你们为了给自己的怨恨找理由，就指控这些受害者，并在他们遭遇的每一件厄运中寻找某种借口，以便给对手套上更沉重的枷锁，因为他们在古代的荣耀是不可饶恕的罪行。再加上波兰人过去的荣耀确实不太光明正大，那就更是如此。"

"和法国人的荣耀一样不太光明正大，"我在巴黎认识的这位朋友恨恨地回答说，"但是你们对我们体制的评价是不公正的，因为你们既不了解俄国人，也不了解波兰人。"

"每当有人敢对您的同胞讲不好听的真话，您的同胞就总是这个调调。波兰人很好懂，因为他们一直在说话。有些人只会说些不着边际的话，和他们相比，我可能更相信喜欢吹嘘的人。"

"不过，您对我一定是非常信任的！"

"对您个人我是信任的，可是，当我想到您是俄国人，尽管我认识您已有十年，我就责备自己说话不谨慎——我的意思是说自己太直率。"

"我估计在您回去之后，对我们不会有好话。"

"假如要写东西，也许是的，但就像您说的，我不了解俄国人，所以对于这样一个让人捉摸不透的民族，我会小心一点，不去乱说。"

"您最好那样。"

"当然。但不要忘了，一旦被人知道装假，最沉默寡言的人就会被看作好像摘了面具一样。"

"您对我们这样的野蛮人太尖刻和歧视了。"

说到这里，我的老朋友就又上了马车，飞快地离开了。

我已经说过，我小心翼翼，不让人知道我写信的事，就是因为担心有人哪怕不采取公开的，也采取秘密的手段发现我的想法。我之所以一封信也没有放在我的文具箱或公文包里，是希望万一真的搜查，这样可以让调查的人满意。我还做了安排，要求宪兵除非通过安东尼奥得到我的允许，否则不能进入我的房间。在耍心眼方面，哪怕是和俄国人，意大利人也可以比一比。我说的那个意大利人做我的贴身男仆做了十五年。他的头脑就像现代的罗马人一样精明，心灵则像古代的罗马人一样正直。如果我不小心，在这个国家带了一个普通的仆人，我就不会把我的想法记下来，但安东尼奥给我保证了某种程度的安全，能挫败宪兵刺探的企图。

如果说我必须为重复和单调找借口，那我同样也必须为我居然在俄国旅行道歉。同样的印象一再重现，在任何如实记叙的游记中都不可避免，有关这个国家的游记更是如此。如果希望对我考察的国家做出尽可能确切的描述，那就必须逐日把所有给我留下印象的东西精确地记录下来。这是可以证明我之后反思的合理性的唯一的办法。

特罗伊察是俄国仅次于基辅的最有名的朝圣地，也是人们最常去的朝圣地。这座历史上著名的修道院距离莫斯科二十里格。我想，它应该足够有趣，值得我花上一天时间，并在那里过夜，以便看看俄国基督徒尊崇的几处圣所。

完成这项任务需要理性做出坚强的努力。在经过像我度过的那样一个夜晚之后，好奇心已经荡然无存，只剩下生理上的厌恶。

在莫斯科的时候，有人言之凿凿地对我说，我在特罗伊察会找到非常不错的留宿的地方。事实上，给外人留宿的那幢建筑有点儿像小客栈，它属于修道院所有，却在修道院的地界之外。那幢建筑很宽敞，里面的房间看起来非常适合住人。不过，我刚刚上床休息，就发现平常的预防措施都不灵了。像以往一样，我一直点着蜡烛，结果我就借着蜡烛的亮光，与害虫大军大战了一夜。害虫有黑色的、褐色的，形状各式各样，而且种类我想也都齐了。它们中如果有一个死了，似乎就会把所有的害虫都招来复仇。它们向出血的地方蜂拥而来，让我差点儿绝望了。"它们要是有翅膀，这里就成地狱了，"我在愤怒中不由得惊呼。这些虫子是全国各地到特罗伊察的朝圣者带来的。它们在这座著名的修道院的创始人圣谢尔盖的神龛下繁殖。它们似乎得到上天的眷顾，在这个神圣的避难所以闻所未闻的速度大量增加。看到这些必须与之搏斗的军团，我完全丧失了勇气。我的皮肤火辣辣的，我的血液已经沸腾。我好像被察觉不到的敌人吞噬了。我在极度的痛苦中幻想，我宁可与一群老虎而不是这种小小的虫子战斗。这种虫子是乞丐身上的，但多数情况下是圣徒身上的，因为极端的苦行有时会与污秽相伴——多么邪恶的同盟！对于它，天主真正的朋友可不能发出足够大声的抗议。

　　我起身在开着的窗户那里平静了一会儿，但灾祸接踵而至——椅子、桌子、天花、地板、墙壁，到处都爬满了虫子。我的男仆还没到点儿就进了我的房间。他也遭受了同样的甚至更大的痛苦。因为不想也不能携带更多的行李，他没有床，于是就把草荐铺在地上，而不是铺在满是虫子的沙发上。如果说我对这些不便之处讲得很详细，那是因为它们与俄国人的吹嘘正好形成了对照，而且它们还可以表明，这个国家中最优秀的那部分人已经达到的文明程度。看到可怜的安东尼奥进了房间，眼睛是闭的，脸是肿的，不用问就知道什么原因。他一言不发，给我看了一件斗篷，那斗篷之前是蓝色，但现在成了褐色。他把斗篷放到椅子上，我感觉它是活动的。看到这一幕，我们两个都惊呆了。风、水、火各种办法都用上了，尽管这样一来会两败俱伤。最后，我终于把自己收拾干净了，穿好衣服，吃了一点早饭，然后就去修道院，那里有另外一群敌人在等着我。但这一次，我对驻扎在希腊修士长袍皱褶里的轻骑兵毫不畏惧，因为我已经抵挡住了更可怕的敌人的进攻。经历过夜里的战斗，白天的小规模冲突在我看来不过是儿戏。还是明说了吧，臭虫的叮咬和可恶的虮子让我对跳蚤的进攻无动于衷，对于修道院教堂里这些成群结队地在我脚边跳来跳去的小东西，我就像对待路上的尘土一样，丝毫不觉得恼怒。过去的这个夜晚让我对莫斯科撤退之后不幸留在俄国的法国俘虏深感同情。害虫，作为贫穷的必然产物，是所有肉体的不幸中，唯一能在我内心激起最深切的怜悯的不幸。当我听说一个人，他的处境是如此可怜，身上肮脏不堪，我的心就在流血。身体的龌龊比它看上还糟。在一个细心的观察家眼里，它暴露出比所有肉体的不幸加在一起还要糟糕的道德上的堕落。这种堕落因为在一定程度上是自愿的，所以只会更加令人厌恶：它是一种源自我们双重本性的现象；它既包括道德的，也包括肉体的；它是肉体的同时也是灵魂的虚弱造成的；它既是一种恶行，同时也是一种疾病。

我在旅行中经常不无理由地想起那个伟大的实践哲学家、在傅立叶和圣西门之前的劳动阶级导师裴斯泰洛奇[1]

---

1 约翰·海因里希·裴斯泰洛奇（Johann Heinrich Pestalozzi, 1746—1827），瑞士教育家，认为教育的目的在于全面和谐地发展人的天赋。

的睿智的话。按照他对于下层阶级生活的观察，在两个拥有相同生活习惯的人当中，一个邋遢，另一个干净。仪容整洁既与健康以及身体上天生的习惯有关，也与个人在仪容方面的习惯有关。在上层阶级中，我们不是经常看到在仪表上煞费苦心，可仍然非常邋遢的人吗？在俄国人当中，非常邋遢的现象普遍存在，看来他们的害虫肯定都受过训练，能在洗澡时安然无恙。

尽管我情绪不太好，可还是仔仔细细地看了这个具有爱国主义传统[1]的三一修道院的内部。它的外表不像我们的老哥特式修道院那样雄伟。人们之所以会去某个圣地，目的不是为了建筑，但是，如果这些著名的圣所值得费劲去看一看，那无论是对于它们的神圣性，还是对于朝圣者的功德，都不会有任何损失。

修道院坐落在一处高地，就像用坚固的围墙围起来的市镇，围墙上还有雉堞。和莫斯科那些修道院一样，它也有镀金的塔尖和顶塔，在夜晚的阳光下闪闪发光，从远处向朝圣者宣布，他们朝圣之旅的终点到了。

在这个晴朗的季节，周围的路上挤满了络绎不绝的旅行者。在村子里，可以看到成群的信徒在桦树的树阴下吃

---

1 莫斯科大公德米特里·顿斯科伊 1380 年与金帐汗国的库利科沃之战得到了拉多涅日的谢尔盖（1314？—1392）的支持。

饭和睡觉，而且到处都可以遇到穿着一种用椴树皮做的凉鞋的农民。他往往有女人陪着。女人一只手拿着他的鞋，另一只手打着伞，不让自己被太阳晒到。夏天的时候，莫斯科大公国人比南方的居民还要害怕被太阳晒到。一辆基比特卡由一匹马拉着跟在后面，里面有铺盖和煮茶的用具。基比特卡很像古代萨尔马希尔人的马车。这种马车制作十分简陋，就是把沿纵向剖开的半只大桶装在轴上，就像炮架一样。

除了床，乡下的男人和女人，无论哪里都可以睡觉。他们旅行时可以舒舒服服地躺在这些轻巧而别致的车里。有时候，其中的一位朝圣者，会守着睡着的那些人。他坐在车上，两条腿垂在外边，哼着民族歌曲，让同伴们进入梦乡。从这些低沉而悲伤的旋律中，流露出的更多是失望而不是希望。那些情感的表现方式是忧郁的，但决不是强烈的；因为在这个生性快乐而且无忧无虑的民族身上，一切都是受压抑的，一切都透着谨慎，因为教育已经让他们变得沉默寡言。如果不是把各民族的命运看作是天定的，我就会说，斯拉夫人生来应该居住在更慷慨的土地上，而不是居住在他们从亚洲，从各民族那间巨大的保育室过来时定居的土地上。

俄国人的第一个压迫者是气候。不是对孟德斯鸠不敬，但在我看来，极寒比炎热对专制更有利。比如说阿拉伯人，难道他们不也许是地球上最自由的人吗？大自然的严酷会激起人内心的狂暴与残忍。

离开修道院的客栈，我穿过一块空旷的广场，进入修道院的围墙。过了一条两边有树的小径，我来到几座号称大教堂的小教堂中间。小教堂用高高的尖塔把彼此分开。同时，还有许多祈祷室以及圣谢尔盖的信徒现在居住的几排住房，毫无章法或秩序地散布在各处。

这个著名的隐修士于 1338 年创立了特罗伊察修道院。修道院的历史以及修道院创始人的历史与整个俄国历史紧密地联系在一起。在与马麦汗[1]的战争中，这位圣徒为德米特里·伊凡诺维奇出谋划策。公爵心怀感激，他的胜利让精明的修士们富裕起来。后来，他们的修道院遭到新来的鞑靼部落的严重破坏，但圣谢尔盖的遗体却在废墟下奇迹般地被人发现，从而给这个祈祷者的避难所带来了新的声望，使之依靠沙皇们的捐献得以重建。1609 年，波兰人围攻修道院达六个月之久。当时它成了保卫这个国家的爱国者的收容所，而敌人没有办法把它拿下，最后只好解除包围，这就给圣谢尔盖带来了额外的荣耀，也让他的继

---

1 马麦汗（Khan Mamai, 1325？—1380/1381），金帐汗国军队的首领。

承者十分高兴并获得金钱上的好处。

修道院的围墙饰有角楼，围墙上面有带顶的走廊，我还绕着走廊转了一圈。围墙将近有半里格长。在此处赖以成名的众多往事中，最有趣的那件事和彼得大帝的逃命有关，当时他的母亲从暴怒的亲兵手中救了他。那些亲兵追杀他一直追进了圣三一修道院的大教堂，甚至追到圣谢尔盖的圣坛。在那里，十岁的男主人公的态度让叛乱的士兵放下了武器。

所有的希腊教堂彼此都差不多。里面的绘画总归是拜占庭风格，也就是说，不自然，没有生气，没有变化。希腊教堂都没有雕像，取而代之的是镀金的雕刻品，贵重但不美丽，而且与其说富丽堂皇，不如说很乏味。

俄国历史上所有的名人都喜欢让这座修道院变得富有，所以它里面有大量的黄金、珍珠和钻石。为了增加修道院的财富，全国都要缴纳特别税。那些财富现在成了那里的奇迹之一。看着那些财富，我内心十分惊讶，更近乎震惊而不是羡慕的那种惊讶。沙皇、皇后、贵族、浪荡子和真正的圣徒，全都争相充实特罗伊察的宝库。在那么多贵重的东西当中，圣谢尔盖朴素的衣服和木杯，因为其名副其实的质朴而显得十分刺眼。

这位圣徒在圣三一修道院大教堂里的墓寝富丽堂皇。

该修道院本来会为法国人提供丰盛的战利品，但它从十四世纪起就没有被占领过。它里面有九座教堂。那位圣徒的圣骨箱是银质镀金的，并用安娜女皇捐献的银质柱子和华盖加以保护。圣谢尔盖的圣像被认为能行奇迹。彼得大帝在与查理十二的历次战争中都把它带在身边。

离圣骨箱不远，在那位作为道德天使的隐修士的庇护所下面，躺着谋权篡位的暗杀者鲍里斯·戈杜诺夫的遗体，四周还有他家族中很多人的遗体。修道院里还有其他很多有名的但不成样子的墓寝，同时展示出艺术的婴儿期和衰老期。大修道院院长的宅邸和沙皇的宫殿都是一点意思没有。修士现在只有一百人，以前他们的数量是现在的三倍。尽管我一再请求，但他们就是不让我看藏书室。他们的回答始终是"那是禁止的"。修士们的这种谨慎让我觉得很奇怪。他们把科学的宝藏藏起来，却又炫耀那些根本没有价值的东西。我由此断定，他们书上的灰尘比他们珠宝上的灰尘还要厚。

我现在是在一个叫杰尔尼茨基的村子，它位于小镇佩列斯拉夫尔与雅罗斯拉夫尔省同名的首府之间。

必须承认，能让人在这样一个国家以旅行为乐的那种享乐观是很奇怪的。按照公路这个词在欧洲其他地区的用法，这个国家没有公路。（作者附释：除了彼得堡和莫斯科之间的道路，以及彼得堡和里加之间的部分路段之外。）它也没有客栈，没有床，甚至没有可以在上面睡觉的麦秆——因为我不得不用做饲料的干草塞进我以及我仆人的褥垫——没有白面包，没有葡萄酒，没有可以饮用的水，而且乡下没有可以凝望的风景，城里没有值得研究的艺术品。在那里，冬季的时候，脸、鼻子、耳朵和脚都很可能会被冻坏。在那里，酷暑的时候，白天炎热，夜里又冷得发抖。我来到俄国的心脏地带寻求的乐趣就是如此。

这个国家几乎所有地方的水都不卫生。如果你对当地居民的话信以为真，或者喝的时候没有用泡腾粉消毒，那就会损害健康。当然，你可以在大城市弄到奢侈的塞尔脱兹矿泉水[1]，但是，把这种外国饮料放在商店卖给过路的旅客非常不合适。小酒馆的葡萄酒——一般都是白葡萄酒，并且说是苏特恩[2]白葡萄酒——很少有得卖，而且价格贵、质量差。

至于景色，因为没有什么变化，结果，就唯一能给它带来生气的住房而言，可以说整个俄国只有一个村子。距离不好测量，但俄国人用他们旅行的速度让它们缩小了。因为在到达目的地之前几乎不会下车，所以他们感觉整

---

1 德国塞尔脱兹出产的天然的起泡矿泉水。

2 苏特恩（Sauternes），法国西南部的一个地区，盛产同名的白葡萄酒。

个行程当中就好像睡在自家床上一样，而让他们惊讶的是，我们跟他们不一样，不喜欢他们从自己的锡西厄人祖先那里继承下来的这种在睡梦中旅行的方式。不过，我们也不要以为，他们赶路永远是同样地迅速。这些北方的加斯科涅人[1]不把他们一路上遇到的耽搁告诉我们。如果可以，马车夫会把车赶得飞快，但他们常常会因为无法克服的困难停下来。

即便在彼得堡和莫斯科之间的路上，我发现我们前进的速度也是很不均匀，而在这段旅程的后期，我们就和在其他地区一样省不了时间。在其他路线上碰到的不便之处成百倍地增加，比如驿马很少，以及道路差得让任何车辆都吃不消。这让旅行家有点羞愧地问自己，他为什么非得让自己遭这么多罪，来到这样一个地方，荒凉至极，却又没有一点荒漠的富有诗意的壮美？今天晚上我就对自己问了这样的问题。当时我还在路上，而天已经黑了，一条尚未完工的、每隔五十码就与我们走的路交叉的砂石路，还有一些摇摇晃晃的桥——那些桥常常少了几块对它们的安全来说至关重要的木头——给我们增添了很大的困难。

经过思考，最后我决定停下来，同时，让我的马车夫

1　法国西南部的加斯科涅人据说以说大话出名。

和宪兵非常生气的是，我坚持住在几个村民的小屋里，也就是住在我现在正在写信的地方。这个避难所不像真正的客栈那样让人恶心，因为没有旅行者会住在这样的村里，而且小屋的木头只会给从森林带来的昆虫安家。我住在阁楼上，要爬十几级楼梯；房间有九到十英尺见方，六到七英尺高；它就像特勒涅夫故事中痴呆老汉的小屋。整幢房子都是用冷杉树的树干建造的，缝里仔细填上了苔藓和沥青，就像给船填缝一样。所有的俄国村庄都有一股子永不消散的柏油、卷心菜以及散发着香气的皮革混在一起的气味，这让我很是讨厌，但我宁可头疼也不愿精神上痛苦，因而觉得这间有床的房间要比特罗伊察客栈里抹了灰泥的大厅舒服多了。我在里面支好我的铁床。农民们裹着羊皮睡在一楼房间四周的座椅上。安东尼奥在马车里铺好床，他和宪兵要看好马车。在俄国的公路上，人相当安全，但马车以及马车上所有的附件都被斯拉夫农奴看作合法的奖品，所以，如果不是特别小心，到了早晨，我的车篷、支架、帘子以及围膝就会被拿走。总之，我的折篷马车就会变成一辆原始的俄式大马车，一辆真正的俄式运货马车，而且村里谁都不知道马镫的皮带哪去了。即使经过严格的搜查，它在某个牲口棚的底层找到了，偷东西的人如果说，那是他找到并拿到那里的，那就没事了。这种辩解在俄国一直很有效，所以说，盗窃的根源在于老百姓的生活习惯。结果，强盗问心无愧，一脸安详，让天使看了也会上当。"如果救世主的双手没有被钉上，"他们说，"他也会偷东西。"这是他们最常说的一句格言。

不是说只有农民才会盗窃，社会上各个阶级的人都会盗窃。省长知道自己随时有危险，有些事情一旦败露，就会把他送到西伯利亚了此一生。如果他在任期间很机灵，偷的东西足以在流放前的法律程序中保护自己，他就可以摆脱困境，但是，如果他照旧又穷又诚实，那他肯定就完了。这话不是我说的，而是几个俄国人说的。我不能说出他们的名字，但我认为他们说的话值得信赖。

军队里的军需官偷士兵的东西，他们让士兵饿肚子来养肥自己。总之，诚实的管理在这里既危险又荒谬。

我希望明天到达雅罗斯拉夫尔，那是一个中心城市。为了在这个国家的腹地发现真正的、原来意义上的俄国人，我会在那里停留一两天。抱着这样的目的，我弄到了几封到帝国最有趣和最重要的一个外省的首府去的介绍信。

第三十一封信

雅罗斯拉夫尔，8 月 18 日

雅罗斯拉夫尔在商业上的重要性·一个俄国人对俄国建筑的看法·对
雅罗斯拉夫尔的描述·单调的地貌·伏尔加河上的船夫·俄国人的
性格一瞥·原始的俄式敞篷四轮马车·古代的服装·俄国人的公共
浴场·俄德两国儿童的区别·拜访省长·惊喜·对凡尔赛的回忆·法
国文学的影响·参观基督变容修道院·俄国人的虔诚·拜占庭的艺
术风格·俄国宗教争论的要点·扎库斯卡·小体鲟与俄国的正餐·家
庭晚会·俄国女性的道德优越性·天道的证明·抽奖·被政治改变
了的法国时尚·缺少一个行善的贵族集团·真正在治理俄国的人·官
僚制·希腊神父的子孙·拿破仑的宣传策略仍在俄国发挥作用·皇
帝的任务

才走了四分之一旅程，在莫斯科给我预定的任务就完
成了。我坐着一辆没有哪个部件还完好的马车到达了雅罗
斯拉夫尔。马车是要修的，可我拿不准它是否还会带我把
路走完。

现在夏天结束了，要等到明年才会回来。冷雨——他
们这里认为，它是这个季节该有的——完全驱散了暑气。
我对炎热的天气所带来的种种不便，对灰尘、苍蝇和蚊子

习惯得让我丝毫没有意识到，我不用再为这些遭罪了。

雅罗斯拉夫尔城是俄国内地重要的商品集散地。通过它，彼得堡与波斯、里海及整个亚洲进行往来。伏尔加河，那条流动的、重要的国道，从雅罗斯拉夫尔城旁边流过。该城是俄国内河航运的中心。俄国内河航运的管理很有智慧，让沙皇的臣民非常骄傲，也是他们繁荣的一个主要根源。由众多运河构成的大量支流正是因为与伏尔加河连在一起，才创造了俄国的财富。

与帝国所有的外省城市一样，这座城也很大，显得空荡荡的。街道极为宽阔，广场非常宽敞，房屋一般相隔很远。从俄国的一端到另一端，到处都是同样的建筑风格。下面的对话反映出俄国人对于他们所谓的古典建筑的评价。

一个很聪明的人在莫斯科对我说过，他在意大利没看到任何对他来说新的东西。

"您的说法是认真的吗？"我问。

"非常认真。"他回答道。

"这在我看来是不可能的，"我说，"不管是谁，第一次从阿尔卑斯山的南麓下去，那片土地的外貌不可能不在他的头脑中引起一场革命。"

"凭什么呢？"那个俄国人说，那种鄙夷的腔调和样子在这里常被当作文明的表现。

"凭什么？"我答道，"那些新颖的、经过人工美化的地貌；那些山岗和山坡，上面矗立着宫殿、修道院和村庄，四周环抱着葡萄树、桑树和橄榄树；那些一长排一长排白色的立柱，它们支撑着花彩似的葡萄藤，并让那些建筑奇观一直延伸到最陡峭的高山深处。所有那种壮美的景色，让人想到的不是为了让劳动者生产他每日的面包而耕种的土地，而是勒诺特尔[1]为了给君主们消遣而设计的园林。人类所有那些造物都被用来装饰天主的造物。它们对您来说看上去不像某种新的东西，这可能吗？毫无疑问，设计精美的教堂，从它们的尖塔我们就认得出按照世俗的习惯修改过的古典趣味，还有散布在那座美轮美奂的花园中的其他许多宏伟的、非凡的建筑，肯定引起了您某种程度的惊喜！在看似轻巧实质牢固的拱桥上（作者附释：贝加莫城、马焦雷湖、科莫湖等等以及阿尔卑斯山南麓的所有山谷可以作证），翻越了无数关隘的道路，给修道院、村庄以及宫殿充当地基的高山，全都预示着这样一片土地，在那里，自然承认人工是它的主宰。踏上意大利的土地，却在雄伟的遗址中，就像在雄伟的建筑中一样，认不出这片土地是文明的摇篮的人是要倒霉的！"

---

1 安德烈·勒诺特尔（André Le Nôtre，1613—1700），法国园林设计师，设计过枫丹白露、凡尔赛宫等。

"我要祝贺自己根本就没有看见这一切,虽然我的看不见会成为您长篇大论的借口。"我的对手讽刺说。

"只要我唤醒了您对于美好事物的情感,我就不会太在意,尽管我的热情在您看来很可笑,"我冷冷地回答说,"单是意大利的大型建筑、村庄和市镇的选址,就给我展示了一个为艺术而生的民族的天赋。在依靠商业积累了财富的地方,比如说热那亚、威尼斯和阿尔卑斯山所有关隘的脚下,居民们怎样利用自己积累起来的财富呢?他们在大海、湖泊、河流及悬崖的边缘加上用魔法建成的宫殿和由魔仆建造的大理石护墙。不单是在布伦塔的边界线上可以看到这些奇迹,每一座高山都有它的奇迹。城市和村庄,教堂、城堡、修道院、桥梁、别墅、隐居处、悔罪静修的地方,与舒适、奢华的居所一样,全都让旅行家的想象力受到冲击,不但把眼睛就连心灵也迷住了。建筑群之壮观,建筑设计之和谐,是北方人未曾见过的。除此之外,还有种种历史上的关联。希腊自身是有一些庄严的遗址,但太少,所以它对于大多数朝圣者来说,不太会让他们感到惊讶,因为长期的野蛮状态已经让希腊空掉了,要想欣赏那片土地,是需要费劲寻找的。相反,意大利只需要看就行了——"

"您怎么料到,"那位不耐烦的俄国人打断我的话说,

"我们彼得堡和莫斯科的人会像您一样对意大利的建筑感到惊讶呢？您哪怕是在我们最小的城市，不也到处可以看到它的典范吗？"

民族虚荣心的这种大爆发让我沉默下来。因为那是在莫斯科，我心里感到好笑，但如果真的笑出来就会很危险。我的对手的理由就像是有人在别处看到过观景殿的阿波罗石膏模型，于是就拒绝观看真正的观景殿的阿波罗。在俄国人中，蒙古人的影响比蒙古人的征服延续的时间还长。那么，俄国人把蒙古人赶出去，算不算一种模仿？诋毁者不会取得什么进步，无论是在艺术还是在一般的文明方面。俄国人的观察带有恶意，因为他们缺乏对于完美的认识。只要他们还嫉妒自己的榜样，他们就永远也不会迎头赶上。他们的帝国很大，但那算得了什么，谁会赞美类人猿那样的庞然大物？

这就是在我心中产生的愤怒的想法，但是我忍住了，没有把它们说出来，尽管我相信，我鄙视一切的对手看懂了我的脸色，因为他再没对我说什么，只是摆出一副无所谓的样子，又说了一句，他在克里米亚见过橄榄树，在基辅见过桑树。

至于我自己，幸亏我来俄国的时间很短；要是在这里待长了，恐怕我不但会对自己听到和看到的事情丧失讲真话的勇气，还会丧失讲真话的欲望。专制会让最坚决地与它的各种显而易见的弊端作斗争的人丧失勇气，还会对他们施展魔法，让他们变得冷漠。

鄙视他们不了解的东西，这在我看来是俄国人性格中一个突出的特点。他们非但不会尽力去理解，反而尽力去嘲笑。要是他们什么时候把自己真正的天赋充分发挥出来，那世人将会不无惊喜地看到，那是一种用拙劣的方式进行模仿的天赋。自从我开始研究俄国人的性格，自从我开始在这最后一个写进欧洲历史巨著的国家旅行，我就发现这个暴发户冷嘲热讽的本领也许是整个民族的天赋。

几乎与雅罗斯拉夫尔的房屋一样多的彩绘的和镀金的塔楼，就像莫斯科的那些塔楼一样，在远处闪闪发光，但这座城市不像帝国的旧都那样美如画。在伏尔加河的两岸，它是靠突起的、栽种了树木的阶地保护的。在阶地的下方，就像在桥下一样，有路通过，由此可以在河上装卸商品。这座城市在商业上很重要，却空荡荡的，没有生气，冷冷清清。从阶地的高处可以看到周围更加空荡荡的、没有生气和冷冷清清的乡村，看到那条大河，它的颜色是一种黯淡的铁灰色，河岸陡峭，河岸顶上是大片铅灰色的平原，稀稀拉拉地分布着一些桦树林和松树林。不过，这片土地得到了尽可能精细的耕作。俄国人吹嘘它是除克里米亚之外，帝国中最富饶、最欢快的地带。

拜占庭建筑应该是俄国民族建筑学习的榜样。如果城里到处都是适合当地条件的建筑，那这样的城市应该可以让伏尔加河的两岸充满生气。俄国人的住房内部设计合理，但它们的外观以及城市的总体规划却并非如此。雅罗斯拉夫尔有模仿彼得堡的纪念柱和凯旋门，全都趣味低劣，与教堂以及尖塔的风格形成了极为奇怪的反差。我离这座城市越近，就越是被这里的人的美丽所吸引。村庄富庶，建得也很好。我看到有少数石构住宅，尽管数量十分有限，不足以改变单调的景色。

伏尔加河就是俄国的卢瓦尔河，但是与都兰欢快的丘陵不同，都兰的丘陵顶上有最美丽的中世纪城堡，而我们在这里只能看到平坦的、没有变化的河岸以及大片的平原。那上面看起来破破烂烂的灰色小屋就像帐篷一样排成排，让风景变得悲伤而不是充满生气。这就是俄国人推荐的想让我们羡慕的地方。

沿着伏尔加河边往前走，我得迎着这个地区全年都极其强劲的北风。一年中有三个月，它刮起的是尘土，余下的九个月则是大雪。这天晚上，我在狂风中断断续续地听到远处河上船夫的歌声。对俄国人的民族歌曲的效果损害很大的鼻音消失在远处，我只听到模糊而哀伤的旋律，我的内心能猜出它的歌词。在一个长长的木排上，有几个人正在灵巧地控制着它的方向，沿着天然的伏尔加河水道顺流而下。到达雅罗斯拉夫尔时，他们打算上岸。我看到他们把木排拴住的时候就停了下来。他们从前面很近的地方过去了，根本没有留意我的外国装束，甚至互相间也没说什么。俄国的农民不爱说话，也不好奇。我能理解这是为什么。他们知道的东西让他们厌恶所有自己不知道的东西。

我羡慕他们高贵的相貌和优雅的表情。我再次重申，除了塌鼻子、高颧骨的卡尔梅克人，俄国人都非常美丽。

对于他们来说，另外一种天生的魅力在于他们柔美的嗓音。他们的嗓音永远是低沉的，而且不用费力就可以发出颤音。这让他们的语言悦耳动听，而这种语言要是由别人来说，听起来就会有刺耳的嘶嘶声。在我看来，在欧洲的各种语言中，只有它在有教养的和受过教育的人的嘴里说不好。我的耳朵宁可听街头的俄国人讲话，也不愿听客厅的俄国人讲话。在街头，它是自然的语言，而在沙龙和宫廷，它是新引进的语言，是主人的政策强加给廷臣的。

用讥讽来掩盖的忧郁是这片土地上最寻常的情绪，尤其是在沙龙里。在那里比在其他地方更需要掩盖悲伤，因此，讥讽、嘲笑的腔调，以及交谈时费劲的样子，让说的和听的人都很痛苦。为了浇灭心中的悲伤，普通人醉了是安安静静，地主醉了是吵闹不休。一样的不良行为，在主人和奴隶那里表现不一样。前者还有一个办法来打发无聊，那就是野心，也就是心灵的迷醉。各个阶级普遍有一种固有的优雅，一种天生的高雅。它既不是野蛮，也不是文明，就连他们的做作也无碍于这种原始的优点。

不过，他们却缺少一种更为基本的品质，那就是爱的能力。俄国人在寻常的事情上缺乏善心，在大事上则缺乏真诚。优雅的利己主义和彬彬有礼的冷漠，乃是他们与别人交往时最显著的特点。这种缺乏善心的现象在各个阶级中都很突出，并因个人地位的不同而有不同的表现形式，但主要的东西全都一样。那种很容易就会受影响和被感动的能力，在俄国人当中十分罕见，但是对德意志人而言，却是他们非常突出的一个特点——他们称之为"情绪"。我们应该把它叫作开朗或者热忱，如果我们有必要定义一种在我们当中几乎就和在俄国人当中一样不太常见的感情的话。但是，在这里，取代有教养而又单纯的法式玩笑的是窥探、带有敌意的密切的观察以及刻薄、嘲讽和嫉妒，这样的态度在我看来不知道要比我们爱开玩笑的轻浮讨厌多少倍。在这里，严酷的气候、严苛的政府以及爱打听的习惯，让人的性格变得忧郁、自恋而又多疑。某人或者某事永远是可怕的，而且糟糕的是，这不是没有原因的。这没有明说，但它瞒不过习惯于观察和对不同民族进行比较的旅行家。

从某种程度上说，俄国人对外邦人不太宽容在我看来情有可原。在了解我们之前，他们显然非常热切地关注我们，因为他们像东方人一样热情好客，但是，他们也容易像欧洲人一样感到厌倦。在欢迎我们的时候，那种热心更多地带有炫耀的性质而不是热情。他们反复琢磨我们的哪怕是最无足轻重的言语和最微不足道的行为，结果，因为这样的工作必然给他们提供很多指责的话题，他们内心得意扬扬，说，"瞧，就是这些人，他们自认为远比我们优越！"

这种研究适合他们察觉得很快但不敏感的天性。这样的倾向可以容得下某种礼貌，也可以容得下某种善意，但它与真正的亲切截然不同。也许，凭借谨慎和时间，人们可以在他们心中激起某种信任感，但我觉得，哪怕我竭尽全力也未必能做到这一点，因为俄国人是世上最不易打动，同时又最难以捉摸的人。他们为人心的进步提供过什么帮助没有？至今为止，他们没有产生过能在历史上留下姓名的哲学家、道德家、立法者或者文人学士。但是，说真的，他们从来不缺乏，而且永远也不会缺乏优秀的外交家以及灵活而精明的首脑。他们的下层阶级也一样。在下层阶级中，根本就没有善于发明的技工，但优秀的工人非常多。

我正带领读者进入矛盾的迷宫，也就是说，我正按照这个世界上的事物在我头一两次看到的样子来展示它们。我必须交给读者一个任务，对我的评论进行检查和整理，以便能够从中得出总的看法。要是通过比较和选择，能从这一大堆轻率而鲁莽的判断中得出一些可靠、公允、成熟的结论，那我就心满意足了。我没有想过要得出这样的结论，因为我宁可旅行也不愿写作。作家不是独立的，而旅行家是。所以我就讲述我的印象，而写书的任务则留给读者。

以上对于俄国人性格的思考是由我在雅罗斯拉夫尔的一些拜访引发的。我认为这个关键点是我旅程中最有趣的。

明天我会讲一讲我拜访当地的头号人物也就是省长的结果，因为我刚把我的信送给他。在今天上午拜访的各个家庭中，我听到很多关于他的坏话，或者更准确地说，估计那都是关于他的坏话。

在这座城里会看到那种原始的俄式敞篷马车。它由放在四个轮子上的一小块木板组成，木板在人的下面，一点也看不到，所以就仿佛马是拴在人的身上。有两只轮子被人的腿遮住了，另外两只轮子很低，在车子快速运动时看不见。

农妇一般都打赤脚。男人在大多数情况下都穿着一种凉鞋，是用灯心草之类的植物编成的，式样粗陋，就和古代的那些一样。腿上穿的是肥大的灯笼裤，在脚踝处用一根细带子收紧的裤脚被鞋遮住了。这种服装与罗马雕塑家的锡西厄人的雕像一模一样。

此刻我正在一家破旧的客栈里写信。在俄国只有两家好的客栈，而且都是外国人开的：彼得堡英国人开的和莫斯科霍华德太太开的供应膳食的家庭旅馆，属于那些我觉得比较好的。哪怕是在独立的私人住宅中，我坐下时也不免心惊胆战。

我见过几个公共浴场，都是在彼得堡和莫斯科。人们洗浴的方式不一样。有些人进的浴室的温度在我看来热得受不了。这些热浴室具有穿透力的蒸汽绝对令人窒息。在其他浴室，光着身子的男人站在加热过的地面上，由其他也是光着身子的男人给他们打肥皂和擦洗。有品位的人有自己的浴场，这和别的地方一样。但是，经常去公共浴场的人很多。那里的温暖潮湿的环境非常有利于滋生害虫。存放在里面的衣服成了许多害虫的温床，结果，到那里去的人在离开的时候，很少有身上不带着某种确凿的证据，证明下层阶级不讲卫生的。

老莫斯科大公国人在这些污秽的小浴室里自得其乐，并因为过度使用蒸汽和因此导致的出汗而加速衰老。那些使用公共浴场的人在清洁自己的身体之前，应当坚决要求清除这些污秽的小浴室。

现在是晚上十点。省长已经派人通知我，他的儿子和他的马车一会儿就来接我。我回答说非常感谢，但我已经休息，今晚不能接受他的好意，但明天一整天我都会在雅罗斯拉夫尔，所以我会亲自答谢。有这个机会观察一下外省俄国人的热情好客，我不觉得遗憾了。

上午大概十一点的时候，省长的儿子——他还是个孩子——穿着整整齐齐的制服来了，带我上了一辆四轮马车，马车夫和宪兵骑在右侧的马上。那辆马车和彼得堡廷臣的马车一模一样。客栈门口这个精致的幽灵令我失望。我当即看出，我要与之打交道的不是老莫斯科大公国人，不是真正的波雅尔。我感到我会再次置身于一些到过欧洲的旅行家、亚历山大皇帝的廷臣和派头十足的世界公民中。

"我的父亲了解巴黎，"那个年轻人说，"看到法国人他会很高兴。"

"他是什么时候在巴黎的？"

年轻人的俄国人没有说话。我的问题似乎让他为难，尽管我原本以为那是个非常简单的问题。起初我搞不懂他为什么尴尬；在发现原因之后，我觉得他很懂得体谅人，那是一种在任何国家、任何年龄都非常难得的情感。

雅罗斯拉夫尔的省长某某先生在 1813 年和 1814 年的两次战役中作为亚历山大皇帝的随从到过法国，这就是他的儿子不愿让我想起的往事。他的乖巧让我想起了一个非常不同的特点。从前有一天，在德意志的一个小城，我和德意志一个小邦的使者一起吃饭，他在把我介绍给他的妻子时说我是法国人。

"那他是敌人。"他们的儿子，一个看上去十三四岁的孩子插嘴说。

那个年轻的绅士没有被送到俄国上过学。

省长、他的夫人还有他们的很多家人，都在宽敞明亮的客厅等我。一进去，我以为自己到了伦敦，或者更准确地说，到了彼得堡，因为女主人按照俄国的习惯，端坐在用金色格架围成的并且抬高了几节台阶的小凉亭里。小凉亭被称为阿尔泰因，它占据了沙龙的一角。省长很礼貌地接待了我，领我从聚在那里的几位男女亲戚身旁穿过客厅，进了长满绿色植物的密室，我在那里看到了他的妻子。

她刚请我在这间圣所坐下，就这样问我："德·屈斯蒂纳先生，埃尔泽阿还写寓言吗？"

我的舅舅埃尔泽阿·德·萨布朗伯爵从童年起就因为诗歌方面的才能在凡尔赛的社交圈出了名，如果他的朋友和亲戚之前能够说服他出版他的寓言集——寓言是一种充满诗意的密码，是靠时间和经历来扩充的——那他在民众当中也会同样出名，因为他生活中的每一件事情，每一件公共和私人的事件，都能让他写出一篇这样的寓言。这些寓言构思巧妙，而且往往很深刻。典雅流畅的韵律以及新颖有趣的表达，让他的寓言有一种奇怪的魅力。走进雅罗斯拉夫尔省长的宅邸时，我并没有想到这一点，因为当时我正在想，希望能在俄国找到真正的俄国人，尽管满足这个愿望的机会很小。

我向省长夫人报以惊讶的微笑，其实就是在无声地说，给我解释一下这个谜吧。解释很快就有了。"我曾经接受过您的外祖母萨布朗夫人的朋友的教育，"这位夫人继续说道，"那个朋友经常对我说起她与生俱来的风度和令人着迷的风趣，还有您舅舅和母亲的知识和才干。她甚至经常对我说起您，尽管她离开法国时您尚未出生。我说的是某某夫人。在波利尼亚克一家成为流亡者的时候，她陪着她们来到了俄国，并在波利尼亚克公爵夫人[1]死后，从来没有离开我。"

说完这些，省长夫人把我介绍给她的家庭教师，一位

---

1 波利尼亚克公爵夫人（Duchess of Polignac, 1749—1793），玛丽·安托瓦内特皇后的亲信，1789 年法国大革命爆发后与家人一起流亡，1793 年死于奥地利。

法语说得比我还好的老人，她神情敏锐而温柔。

我明白，我必须再次放弃我的波雅尔梦想——这个梦想毫无意义，可放下它又有点遗憾——但是，我有办法为我的错误补偿自己。省长夫人属于立陶宛一个最早的大家族，她生来就是公爵小姐。除了每个国家像她这种社会地位的人几乎都有的礼貌之外，她还学会了法国上流社会在其最活跃的时代的趣味和风度，同时，虽然她还年轻，但举止高贵而纯朴，就像我小时候认识的那些长辈。那些规矩是昔日宫廷的传统，是尊重每一种得体的行为，是最完美的趣味——因为这种趣味甚至包括善良、温和的性格——总之，是在还没有人否认我们在社会上的优越性的时候，是在马尔桑夫人[1]限制自己只领取微薄的年金，自愿退隐到圣母升天修道院的一个小房间，十年来一直把她巨大的收入拿来偿还她兄弟盖梅内公爵的债务，以便用她力所能及的这种高尚的牺牲，来减轻一位破产贵族耻辱的时候，所有在巴黎上层圈子中有吸引力的东西。

我想，关于我正在仔细观察的这个国家，这一切不会教给我什么，但它会给我带来愉悦的心情，而那是我所不愿拒绝的，因为与满足把我带到这里来的单纯的好奇心相

---

1 马尔桑夫人（Madame de Marsan，1720—1803），路易十六的家庭教师，法国宫廷中有影响力的人物。

比，现在，愉快的心情更难得。

我以为自己是在外祖母的房间。（作者附释：外祖母德·萨布朗伯爵夫人，即后来的德·布夫莱尔侯爵夫人，于1827年七十八岁时在巴黎去世。）尽管那天舍瓦利耶·德·布夫莱尔实际上不在那里，夸兰夫人[1]也不在那里，甚至女主人也不在那里，因为那些曾经用他们的才华给法式交谈增光添彩的杰出人物都走了，哪怕是在俄国也一去不复返了。但是，我发现自己处在由他们的朋友和门徒组成的、经过挑选的圈子中，这些人可以说是在他们不在的时候召集起来的。我感到，我们仿佛是在等待他们，而他们很快就会重新出现。

我对这种情绪一点准备也没有。在我旅途的所有惊喜中，它对我来说最出乎意料。

女主人和我同样惊讶。她告诉我，前一天晚上，当她在我送给省长的便条末尾看到我的名字的时候，她惊讶得大叫起来。在一个我以为自己像中国人一样无人认识的地方，这种离奇的邂逅马上就让交谈有了熟稔而友好的气氛。

---

1 舍瓦利耶·德·布夫莱尔（Chevalier de Boufflers，1738—1815），法国政治家和作家，他与屈斯蒂纳的外祖母萨布朗伯爵夫人（1749—1827）经过近二十年的交往后于1797年结婚。夸兰夫人（Madame de Coislin，1732—1817），法国贵族，曾经是路易十五的情妇。

交谈的话题变得广泛起来，但始终轻松愉快。她们见到我似乎很高兴，这种高兴没有任何勉强或假装的成分。惊喜是相互的，没人会想到我在雅罗斯拉夫尔，而我是在离开莫斯科的前一天才决定走那条路线的。

省长夫人的兄弟，某某公爵，用我们的语言写作写得非常好。他已经出版了好几卷法语诗歌。承蒙他的好意，他还把自己的一本诗集赠给了我。打开诗集，我看到下面这行充满感情的诗句，它出现在一首名为《母亲的安慰》的诗中。

> 泪水是净化灵魂的源泉。

他确实很幸运，用外国的语言把自己的想法表达得那么好。

他们全家都争着向我尽这个家和这个城市的主人之谊。

他们转弯抹角地、巧妙地对我的几本书大加赞扬，并且引用里面的一些话，好让我想起我已经忘记的若干细节。如果对我少一些恭维，那他们提出这些引文的那种体贴而自然的方式，本来是会让我感到愉快的。虽然有审查制度，这几本书还是流传到这么远的地方，而且会继续流行很长一段时间。可以说——这不是为了夸奖自己，而是要夸奖我们生活的时代——在欧洲各地旅行的时候，我所受到的唯一真正值得感激的款待，要归功于我写的几本书。它们让我在陌生人当中交到了少数朋友，他们源源不断的善意，对于延长我与生俱来的对于旅行和诗歌的热爱所作的贡献绝不可小视。如果说以我在文学上微不足道的地位便获得了这样有利的条件，那很容易想象，我们当中在思想界占据统治地位的天才会拥有何等的影响力。

我们作家的这种传教士身份乃是法国真正的力量，但什么责任这样一种使命没有把它背在身上啊！可它却被视为与其他工作一样。得到它的愿望让从事它的危险被忘记了。至于我自己，如果说在我的生活中，我理解并感受到了一种雄心，那就是尽我所能，分担这种对人心的管理。这种管理优于政治权力，就像电力优于火药。

人们对我说了很多和《让·斯博加尔》[1]有关的事情。当他们得知我有幸与作者很熟的时候，就问了我他的很多问题。我得有他那么高的叙述才能，才能回答那么多的问题！

省长的一个内弟带我参观了基督变容修道院，那是雅罗斯拉夫尔大主教的驻地。这个修道院和希腊教会的所有

1　它的作者是法国作家夏尔·诺迪埃（Charles Nodier，1780—1844）。

修道院一样，是座低矮的城堡，里面有几座教堂以及很多难看的小建筑。

参观中，在我看来唯一一件令人印象深刻的新奇的事情，就是我的向导某某公爵虔诚的程度。他低着头，对着所有陈列出来供信徒膜拜的东西念念有词，那种热诚的样子令人惊讶。这座修道院的院子里有几处圣所。他在修道院的二十个不同的地点做了同样的仪式。然而他在客厅的谈话丝毫没有露出他在修道院里表现出来的那种虔诚。最后他请我也亲吻一位圣徒的遗物，这位圣徒的墓寝由修士为我们打开了。我看到他至少画了五十个十字，还亲吻了二十次圣像和圣徒遗物。总之，我们在修道院过着隐居生活的修女，没有哪个会像这位俄国的公爵，亚历山大皇帝的老军官和侍从武官，在一个外邦人面前，在基督变容修道院里那样，在来回经过教堂高高的圣坛时，行了那么多的屈膝礼，说了那么多致敬的话，并点了那么多次头。

希腊人在他们教堂的墙上画了拜占庭风格的壁画。对于这些壁画，外国人起初会感到有些敬意，但是，当他发现那些看上非常古老的教堂不仅重新上过颜色，而且往往还刚刚重建过，他的敬意很快就变成极端的无聊。那些圣母像，即便是最新画的圣母像，与中世纪末期为了复兴意大利对于艺术的热爱而带进那里的圣母像也都差不多。但是，在那以后，罗马教会的征服精神激发了意大利人的创造天赋。他们感受到并追求宏大而美丽的东西。他们在每一个艺术分支中都创造出世人所见的极其庄严的作品。东罗马帝国的希腊人，以及模仿他们的俄国人，在这段时期继续认认真真地画着八世纪的圣母像。

东方教会根本不适合艺术的发展。自从宣布分裂以来，它所做的不过是用深奥微妙的神学让所有的心灵都变得麻木。现如今在俄国，真正的信徒煞有介事地互相争论的是，是否可以给圣母的头上画上自然的肉色，或者是否有必要继续像据说是圣卢克画的圣母像那样，用非常不自然的深褐色给它们着色。至于人身上其他部分的表现方式，他们中也有很多争论：是应该把身体画上，还是用金属仿造并裹上一种铠甲，只能看到脸，或者有时只能看到眼睛。读者肯定很难理解，为什么在希腊神父的眼里，金属的身体看起来比画作女人长袍的帆布更得体。

我们还没有说到希腊教会的争论中最关键的地方。有些神学家——他们的数量很大，足以形成一个宗派——出于良心脱离了母教会，因为它现在庇护不敬神的改革者。那些改革者允许神父在祝福时用三根手指，而真正的传统规定，在给信徒祝福时只能用食指和中指。

这就是现在希腊—俄国教会争论的问题，不要以为这些问题很幼稚，其实它们点燃了激情，挑起了异端邪说，并决定了人们在现世和来世的命运。还是回过头来谈谈我的东道主吧。

在我看来，俄国的大贵族在外省比在宫廷里更和善。

此刻，雅罗斯拉夫尔省长的妻子让她的家人全都团结在她的周围。她的几个姐妹，连同她们的丈夫和孩子，都临时住在她的家里。她的桌上还有她丈夫的几个主要的雇员，他们都是这个城市的居民。她的儿子也仍然由家庭教师陪着，结果在就餐的时候，入席的有二十个人。

按照北方的风俗，在主餐开始前会来一点小吃，那是在进入餐厅前一刻钟，在沙龙里提供的。先吃点东西这种做法，目的是开胃，俄语中称为扎库斯卡[1]，如果我没有听错的话。仆人用托盘端来几个碟子，里面有新鲜的鱼子酱——只有在这里才能吃到——鱼干、奶酪、咸肉、压缩饼干和糕点，还拿来了带有苦味的烈性酒、法国白兰地、伦敦的黑啤酒、匈牙利的葡萄酒等等。大家就站着享用这些东西。一个不了解当地习惯的外邦人，或者一只很容易满足的胃，很快就会把饭吃完了，结果到后来真正开始就餐的时候就成了看客。俄国人吃得多，所以菜很丰盛。他

1　指小吃、冷盘。

们非常喜欢肉末土豆泥、填的馅料、小肉圆和鱼肉馅饼。

在伏尔加河里可以捕到一种世上最鲜美的鱼，这种鱼数量很多。它叫小体鲟，兼具海水鱼和淡水鱼的味道，但是和我在别的地方吃过的不一样。这种鱼个头大，肉质细腻。它的头是尖的，有很多软骨，被认为味道鲜美。给这个大家伙做的调味非常精心，但没有加很多香料。与之搭配的酱汁既有葡萄酒的味道，又有浓郁的肉汤和柠檬汁的味道。我更喜欢这道带有民族特色的菜，而不喜欢这里其他所有的杂烩，特别是又冷又酸的汤，也就是那种鱼汤，冰镇的，俄国人喜欢喝那种让人讨厌的东西。他们还做糖醋汤，那种汤我尝过太多，不想再要了。

省长家的正餐吃得让人很满意，而且安排得也很好，实惠，没有华而不实的东西。西瓜的数量之多和品质之好令我惊讶。据说它们来自莫斯科郊区，但我宁愿以为是他们派人去克里米亚买的。当地的习惯是在正餐开始前就把水果摆到桌上，而且是一盘接一盘。这种方式有优点也有缺点。在我看来，它只有在重大的宴会上才比较合适。

俄国人的正餐用时比较合理，而且几乎所有的客人离座之后就散了。有些客人有东方人午休的习惯，其他人散步或者喝了咖啡之后回去做事。在这里，正餐不是结束一天劳作的那一餐，所以在我向女主人告别的时候，她好意约我晚上再过去。我接受了邀请，因为我觉得如果拒绝不太礼貌。在这里，所有向我提出的邀请都带着高尚的趣味，以至于无论是我的疲惫，还是我想要回去给朋友写信的愿望，都不足以维护我的自由。这样的盛情乃是一种令人愉快的强制；如果不接受那就是不体谅别人；一辆四轮马车和一个家庭都由我吩咐，全家人都尽力让我开心和领我参观；而且在这样做的时候没有任何言不由衷的恭维，没有任何不必要的异议或胡搅蛮缠的热情。我不知道怎样拒绝如此难得的纯朴、善意和优雅。我应该服从，哪怕仅仅是出于爱国的本能，因为在这些令人愉快的礼貌当中，有古代法国的遗风，它打动并吸引了我。就好像我到了文明世界的边疆，收获十八世纪法国精神的部分遗产，而那种精神在我们当中早就消失了。礼貌和纯朴的语言的这种难以言表的魅力，让我想起了我所知道的一个最有才智的人的一句看似矛盾的话。他说："没有哪种恶劣的行为或者罪恶的情感不是起源于礼貌上的缺陷，因此，真正的礼貌乃是美德，它是所有美德的结合。"他还更进一步，宣称除了粗俗之外没有别的罪恶。

晚上九点，我回到省长的家里。我们先是听音乐，然后抽奖。

女主人的一个兄弟以令人愉快的方式演奏了大提琴。

用钢琴为他伴奏的是他的妻子，一个非常可爱的女人。这对二重奏以及很多唱得很有趣味的民族歌曲，让夜晚过得飞快。

某某夫人是我外祖母的老朋友，也是波利尼亚克夫人的老朋友。她的交谈也让人感到夜晚太短。这位夫人在俄国生活了四十七年，她对于该国的观察和判断敏锐而公正。她在讲述真相的时候既不带有敌意，可也没有注意措辞，这对我来说很新鲜。她的坦率与俄国人普遍的遮遮掩掩形成了奇怪的对照。一位生活在他们中间的聪明的法国女性，我想应该比他们自己更了解他们，因为他们蒙蔽自己，以便更好地把谎言塞给别人。某某夫人一再对我说，在这个国家，荣誉感只有在女性的心中还有力量，因为她们已经把它变成了宗教问题——信守诺言，鄙视虚伪，在金钱的事情上小心对待，在政治上保持独立。总之，据某某夫人说，她们大多拥有大多数人男人都没有的东西，即不论事情大小，在任何情况下的正直。总的来说，俄国的女性想得比男人多，因为她们行动得比男人少。闲暇，作为女性的生活方式所固有的优势，不仅有利于她们的理解力，也有利于她们的品格。与男性相比，她们知道得更多，奴性更少，而且拥有更多的情感力量。英勇的行为本身往往在她们看来很自然，因而也变得很容易。特鲁别茨科伊公爵夫人并不是唯一追随丈夫去西伯利亚的女性。许多被流放的男人都从妻子那里得到了这种庄严的爱的证明，它并不因为不如我想象的那么少见而失去自身的价值。可惜我不知道她们的姓名。她们会在那里找到历史学家和诗人吗？哪怕只是因为不为人知的美德，也有必要相信最终的审判。否则，善的荣耀就成了神之正义所欠缺的部分。我们能够想象全能的天主的宽恕，但我们不能想象他的冷漠。美德只有这样召唤，因为它不可能由人来补偿。如果美德总能在尘世得到正确的评价和报偿，那它就会丧失自身的圆满并变成唯利是图的算计。没有达到超自然的、崇高的境界的美德是不圆满的。没有罪恶哪里来的圣徒？战斗之于胜利是必需的，而且战斗甚至可以向天主要求征服者的桂冠。这一美丽的景象证明了天主的公正。天主是为了向关心善的荣耀的上天表现它，才容忍世人的过失。

夜晚将尽，在允许我离开之前，东道主们为了向我表示敬意，用几天时间迅速完成了这家人盼望了六个月的仪式。那就是抽奖，其目的是表示爱心。奖品全都是女主人和她的亲朋好友制作的，它们用很别致的方式摆在桌上。我得到的奖品是一个漂亮的笔记本，封皮上了清漆。我不能说那是运气，因为我的奖券是仔细挑选的。我在笔记本上写上日期，还写了几句话，以示纪念。要是在我们祖先的时代，那会要求即兴赋诗。但如今，公众的即兴之作多得令人作呕，而沙龙的那些已经过时了。朝生暮死的文学、政治和哲学，把四行诗和十四行诗赶下了王座。我没有急才，写不出两行对仗的诗句，但我要公平地说，我也没有这样的雄心。

我在下诺夫哥罗德还会遇到那些亲切的东道主。向他们道别之后，我回到客栈，对这一天非常满意。前天我寄宿的那个农家小屋和今天的沙龙，换句话说，相距不过几小时路程的堪察加和凡尔赛，呈现出俄国特有的对照。

我牺牲了几个夜晚给朋友们描述白天给我留下深刻印象的东西。这一封信还没写完，黎明已经到来。

这个帝国的对比非常突兀，就好像农民和地主不属于同一片土地。大人物的教养就像他们生活在别的国家似的，而农奴的野蛮无知就像他们是在与自己类似的地主手下当差。

我要责备俄国政府的，与其说是贵族对权力的滥用，不如说是缺少得到授权的、其性质在宪法中有着明确界定的贵族的权力。得到认可的政治上的贵族的影响，在我看来永远是有益的，而除了妄想或不公正的特权之外没有其他任何基础的贵族则是有害的，因为他们的特性依然没有得到界定和有效的规定。不错，俄国的地主在自己的领地上是主人，而且是过于绝对的主人，由此产生了那些因为恐惧和虚伪而需要用轻柔动听的、富有人情味的说辞——那些说辞不仅把旅行家骗了，常常也把政府骗了——加以隐瞒的极端行为。但是，这些人虽然是自己遥远的领地上的大王，在国家生活中却毫无力量。他们在自己的庄园可以为所欲为，通过腐化或恫吓皇帝的代理人来挑战皇帝的权力，可国家毕竟不是由他们治理的。在事情的大方向上根本不会考虑他们的意见。他们要想在公共领域得到荣誉或地位，只有成为廷臣，只有努力升官。这种廷臣的生活排斥高尚的情操、独立的精神以及人道的、爱国的观点，而这些东西在为了扩大权力和长久的繁荣而组织起来的国家中，都是合法成立的贵族团体的非常重要的成分。

另一方面，对于靠劳动致富的人，政府同样也不让他获得应有的尊严。这种政府把民主制的坏处和专制的坏处集于一身，却把两种制度的好处都丢掉了。

俄国是靠直接从公学转入公共管理领域的下层雇员阶级来治理的。这些人——他们的祖先往往出生于外国——一旦在自己的纽扣洞里系上十字勋章就成了贵族，而且只有皇帝能够授予这种勋章。有了这种充满魔力的标志，他们就成了土地和人的所有者。这些新的地主就这样有了权力，却没有天生就惯于发号施令的首领生来拥有的宽宏大量。他们利用他们那样的暴发户的权威，在古老的欧洲开始摧毁封建制度的时候，让俄国建立的奴役制度对于这个民族和全世界来说都显得十分可恶。这些暴君凭借自己的职务，为害乡里而不受惩罚，甚至给皇帝添麻烦。皇帝惊讶地意识到，他的权力并不像自己想象的那么大，尽管他不敢抱怨，甚至也不敢对自己承认这一点。这就是官僚制，一种在所有地方都很可怕的力量，因为它所造成的凌辱，总是打着秩序的旗号，但它在俄国比在其他任何地方都可怕。在我们看到用行政管理的暴政代替皇帝的专制时，我们也许会为这样一个国度担忧，那里在没有制衡的情况下，建立了在法兰西帝国的领导下欧洲流行的政府体制。

俄国的皇帝们在信任和怀疑两方面同样犯了错误。他们把贵族视为竞争对手，并在用人时只想找些容易控制的人，由此便出现了大量卑微的代理人。他们依照并非他们自己的思想努力地治理国家，结果那些思想根本不能满足真正的需要。这个雇员阶级是从希腊神父的子孙中大量招聘的，他们从心底里敌视现存的秩序。这个群体的成员都是些庸俗的名利之徒，都是些没有才能的暴发户，国家完全可以甩掉他们给它背上的负担。他们和一无所有的人们差不多。他们的心中既有大众的偏见，又有贵族的虚荣，然而却既没有一方的能量，也没有另一方的智慧。一句话，神父们的子孙是负有维护现存秩序责任的革命者。

这些半开化的人，既像有抱负的人一样自由，又像奴隶一样喜欢压迫。他们被灌输了一些粗糙的哲学观念，并把那些完全不适合他们国家的粗糙的哲学观念说成是他们自己的，尽管他们所有的意见和半开化的观念都来自国外。这些人正在把他们的民族推向一个或许连他们也不清楚的目标。这个目标皇帝从来没有想象过，而且也不是真正的俄国人或者真正的人类之友所想要的。

这种长期以来一直在进行的密谋活动可以追溯到拿破仑时代。这个具有政治眼光的意大利人预见到俄国力量的危险性。他希望削弱革命化的欧洲的敌人，于是便首先借助于思想的影响。他利用与亚历山大皇帝的友好关系，利用那位君主生来就喜欢自由制度的特点，借口为实现这位皇帝的计划提供帮助，给彼得堡送去大量对政治感兴趣的工匠；那是一种隐蔽的军队，负责暗中为我们的士兵开路。这些熟练的阴谋家得到的指示是，要渗透到政府，尤其是公共教育体系中，要把与这个国家的政治信仰相反的信条灌输到年青一代的心中。就这样，那位伟大的勇士，法国革命的继承人和世界自由的敌人，从远处播撒了麻烦及不和的种子，因为在他看来，专制主义的团结乃是军政府的一件危险的武器，而军政府则构成了俄国巨大的力量。

那个帝国如今正在收获它自以为已经征服的对手的老谋深算的政策结出的果实。那个对手死了，可他的诡计在经历了人类战争史上闻所未闻的逆转之后还在起作用。革命思想已经在许多家庭中，甚至在军队中都扎了根，我认为这在很大程度上要归功于我们军队的这些先锋暗中发挥的影响，以及他们的子女和门徒的影响。到现在为止，我们看到，革命思想的大爆炸所推动的密谋活动面对现存的政府都撞得粉身碎骨。也许我是自己骗自己，但是我相信，现在的皇帝会战胜这些思想，会一个不留地粉碎那些维护这些思想的人。

我之前根本就没有想到，会在俄国发现我们政体的这种痕迹，并从俄国人嘴里听到类似于西班牙人三十五年前指责我们的话。如果说俄国人归于拿破仑的这些恶毒的意图是真实的，那没有任何利益，没有任何爱国主义的情怀可以为它们辩护。我们不能为了拯救世界上的一部分人而去欺骗另一部分人。我们宗教的宣传方式在我看来是高尚的，因为天主教会与每一种形式的政体以及每一种程度的文明都是一致的，它是凭借心灵之于肉体的所有优越性去支配它们的。但是，改变人们的政治信仰，也就是说，狭隘的征服心，或者说得更准确一点，用那种所谓荣耀的诡辩来为之辩护的掠夺心，是可憎的；因为，这种心胸狭窄的抱负非但没有把人类团结起来，反而把他们分裂了。只有统一才能产生高远的思想，但国家干预的政治永远是狭隘的。它的大度是虚伪的或者专横的。它的好处从来都是骗人的。每一个民族都应该从自身找到它需要的改良的办法。

接着说。不是由人，而是由形势，由一系列相关的事实向俄国皇帝提出的问题是，在国人当中支持知识的进步，以加快农奴解放的步伐，并通过移风易俗，通过促进人道以及合法的自由，总之，就是用命运正在好转的希望去改善人心，去实现这一目标。即便在莫斯科，现在不管是谁在位，这都是一个必要的条件。但是，皇帝位置的特别之处，在于他必须让他的道路朝着这个目标，既要避开革命政府的默不作声却组织良好的暴政，又要避开贵族的傲慢和密谋。贵族的力量不但是模糊的、不确定的，而且更不安分，更难以对付。

必须承认，在这一艰巨的任务中，至今还没有哪位君主有尼古拉皇帝那样的坚定、才能和好运。在现代俄国的诸多君主中，他第一个意识到，为了造福俄国人，就必须做一个俄国人。毫无疑问，历史将会说，这人是个伟大的君主。

我没有时间睡觉了。马已经套好，我很快就会出发去下诺夫哥罗德。

Lettre trente-deuxièm

第三十二封信

尤里耶韦茨，8 月 21 日

伏尔加河的两岸·山路上的俄国车夫·科斯特罗马·伏尔加河的渡口·森林中的事故·女性之美·有害的文明·卢梭的看法有道理·萨尔马希亚人一词的来源·农民的优雅、勤劳和谦卑·他们的音乐·民族音乐对于专制制度的威胁·通往西伯利亚的道路·对俄国的描述·路上的流放犯

　　我们的道路顺着伏尔加河。昨天我在雅罗斯拉夫尔过了那条河，今天在库尼切又一次过了那条河。它的两岸有许多地方的地貌是不一样的。一边是辽阔的平原，与河水平齐，另一边的河岸笔直，几乎像一堵墙，有时高达一百到一百五十英尺。这堵墙，或者说天然的大堤，朝着背水的方向延伸了好长一段距离，然后才沿着缓坡，再次与平原连成一体。大堤上长满柳树和桦树，并在远处不时地被伏尔加河的一些支流截断。这些水道在河岸上形成一道道深沟，因为它们要穿过它才能汇入大河。河岸实际上就是山脉，而那一道道深沟就是名副其实的山谷，与伏尔加河

平行的这条道路要越过它们才能向前。

俄国的马车夫在平地上十分老练，在山路上却是世界上最危险的车夫。我们现在正在走的这条路，让他们的谨慎和我的沉着经受了充分的考验。按照他们赶车的方式，如果坡再长一点，连续的上下坡就会极其危险。马车夫下坡时一开始是以步行的速度。走了大概三分之一的时候，一般就到了最陡的路段，人和马都开始厌烦了那种不习惯的谨慎。马儿开始飞奔，拉着马车，速度越来越快，一直来到一座木板桥的中央。那些木板不结实，杂乱无章，高高低低，而且是松动的，因为它们是摆放在而不是固定在支撑它们的横梁上，它们上面有给这座摇摇晃晃的结构充当护栏的木杆。所有谷底都有这样的桥。如果狂奔的马儿没有把马车直接拉上桥板，那马车就翻掉了。旅行者的性命完全取决于车夫的本领，取决于四头勇敢但虚弱、疲倦的牲口的脚力。如果马被绊倒了，或者皮带断了，那就全完了。

在第三次重复这种危险的游戏时，我希望把轮子刹住，但是我的莫斯科马车没有制动棒，因为之前有人告诉我，在俄国根本不需要刹车。要想弥补这一不足，那就得卸下一匹马，然后使用它的缰绳。我已经吩咐了——这让几个车夫非常惊讶——在斜坡的长度和坡度似乎威胁到马车的安全时，就重复同样的操作，因为马车的不结实我已经领教过多次了。马车夫们虽然看上去很惊讶，但他们对于我奇怪的念头丝毫没有异议，对于我通过宪兵给他们下达的命令也丝毫没有异议，不过，我从他们脸上的表情能够看出他们在想什么。有政府的人陪着，不管到哪里都能让我得到尊重。这样一种得到当局关照的证明，让我在民众当中成了受人尊敬的对象。我要建议和我一样没有经验的外邦人，走在俄国的道路上，尤其是内地的那些道路上，一定要带上这样一个向导，以免拿自己的生命冒险。

如果旅行家的运气好，平安地越过谷底，接下来的困难就是要爬上对面的河岸。俄国马只知道飞奔，不懂得其他速度。如果道路不湿滑，山岗不高，而且马车又轻，那它们一会儿就可以把你带到山顶。但是，如果上坡很长，或者是沙土路——这是常有的事情——那它们很快就会停下来。它们在半道上呼哧呼哧地喘气，精疲力竭，挨了鞭子之后就变得呆头呆脑，扬起蹄子，开始往回跑，眼看着就有把马车拖进沟里的危险。每当陷入这种进退两难的困境，我就暗自嘲笑俄国人吹嘘过的话，距离根本不算什么！

马车夫们不管身手多好，一旦离开他们当地的平原，就显得经验不足。他们不懂得用什么合适的办法让马翻山越岭。一发现马不肯往前走，大家就要下车，并让仆人帮忙推车。马每走几步就停下来喘气，这时候就要用醋擦一擦它们的鼻孔，用说话和手势鼓励它们。用这种办法，再抽上几鞭子———一般都做得恰到好处———我们就可以爬上这些令人生畏的山岭顶部。那些山岭要是在别的国家爬上去没有什么困难。在俄国内地，从雅罗斯拉夫尔到下诺夫哥罗德这段路的山最多；不过，我觉得伏尔加河岸顶上这种天然的护墙或者码头，并没有高过巴黎五六层的住宅。

在俄国旅行，有一样危险事先很难想到，那就是旅行家有可能把头磕到马车的车篷上。打算到这个国家看一看的人不用发笑，因为这种危险的确存在，而且就在眼前。这里的桥是用原木造的，道路本身也经常是用原木修的。原木使得马车颠簸得很厉害，如果马车是敞开的，那旅行家在没有得到警告的情况下就会被甩出去，而如果他的头是往上的，就会撞坏他的脖子。所以，在俄国坐的马车，车顶要尽量高一点。我放在座位下的塞尔脱兹矿泉水，尽管那些瓶子很结实，而且瓶子外面都裹了干草，可还是有一瓶打破了。

昨天我睡在驿站，那里什么普通的便利设施都没有。我的马车不舒适，道路又那么颠簸，结果我一路上头都疼得厉害，不疼的时间加起来不超过二十四个小时；既然我宁可住的地方差点儿，也不愿得脑膜炎，那我们走到哪儿我就哪儿歇下了。在这些偏僻的驿站，最缺的就是干净床单——实际上整个俄国都是如此。我随身带着床，可我总不能带上很多床上用品。还有，在驿站的时候，他们给我的桌布总是用过的。昨晚十一点，驿站老板派人到一里格多以外的一个村子为我找干净床单。我本该会反对我的宪兵这种过分热心的要求，但我是在第二天早上才知道的。从我的狗窝的窗户，借着在俄国被称为夜晚的微弱的亮光，我可以悠闲地欣赏永恒的罗马式周柱廊。后者连同它刷成白色的木头山花和灰泥立柱，在马厩的那一侧，装点着俄国的驿站。总是看到这种粗陋难看的建筑，让人从帝国的一端到另一端一直在做噩梦。古典立柱已经成为俄国公共建筑的标志。在这里，虚假的华贵紧挨着绝对的匮乏；但是，随便哪里都知道的"舒适"和精致，不论是在富人的宫殿还是农民的小屋都看不到——在富人的宫殿里，客厅富丽堂皇，但卧室不过是一扇屏风。对于这一规律，整个帝国也许有两三个例外。我觉得，即便是西班牙，也不像俄国那样缺少便利和必要的用具。

对于在这个国家旅行的人来说，另一样必要的防范措施是一把俄国锁。斯拉夫农民全都是小偷，不是在大路上也会在屋子里偷东西。因此，当你让人把行李拿进客栈的房间，而客栈里什么阶级的人都有的时候，那就必须在出去散步之前，要么让你的仆人在门口站岗，要么把门锁上。你的人有一个已经在看马车了，而且在俄国客栈房间的门上，既没有钥匙，甚至也没有锁。因此，唯一的权宜之计就是让人拿来搭扣、圆环或挂锁。有了这些东西，你可以赶紧把你的财物放好。这个国家到处都是极其熟练而且胆大妄为的强盗。他们频频作案，以至于法律的制裁也不敢严格。这里做什么都是一阵一阵的，或者是有例外——这种反复无常的制度与民众不守规矩的头脑太般配了。民众不在乎讲真话，也不在乎做事公道。

昨天我参观了科斯特罗马的修道院，看了阿列克谢·罗曼诺夫以及他母亲住过的房间。阿列克谢离开后就登上皇位并创立了实际上正在统治的这个皇朝。这座修道院就跟其他所有的修道院一样。一个年轻的修士，没有禁食，隔着老远就闻到葡萄酒的酒气，领我看了那座房子。我宁可让须发皆白的老修士和光头的神父，也不愿让这些年轻的、好吃好喝的遁世者领着。珍宝馆与我在别处看到的也一样。就这几句话，读者会明白俄国是什么吗？俄国是这样一个国家，在那里看到的，到处都是同样的人和同样的东西。这话一点不错，所以无论到了哪里，我们总觉得那些人似曾相识。

在库尼切，我们又一次渡过了伏尔加河。渡船的船帮很低，要是有一点点小问题都会让它翻掉。我冒着冷雨和大风——居民因为大风都把自己关在家里——游览了这座小镇。我觉得，再没有什么比它更乏味和阴郁了。要是风再大一点，我们就要冒着被淹死在河里的很大风险。记得在彼得堡的时候，没人肯动一动，去拯救那些掉进涅瓦河的人；所以我想，如果在这里同样的命运落到我头上，岸上的这些人也没有谁愿意搭救我。这些河岸看上去像是荒原，实质人口众多；大地、天空以及居民，都那么阴郁和安静。人的生命在俄国人眼里算不了什么。还有，从他们忧郁的样子来看，我要说，他们不仅不在乎别人的，也不在乎自己的生命。

生存受到的束缚和限制太多，以至于我觉得每一个人暗地里都有离开的想法，只是没有那个力量。大人物没有护照，穷人没有钱，结果，大家都是老样子，因为绝望而忍受着，也就是说，对于生和死都不在乎。顺从在别的地方是一种美德，在俄国却是一种罪恶，因为它把这种强制的静止变成了一种永久的状态。

这里的问题不是政治自由，而是个人的独立，是活动的自由，甚至是自然情感的表达。奴隶们只敢小声地吵吵。愤怒是掌权者的特权。在这种制度下，外表越是平静，我就越是可怜民众。安静，否则就要挨鞭子！这就是他们生存的条件。大人物的鞭子就是西伯利亚，而西伯利亚本身不过是一个夸张的俄国。

此时我正在一处森林的中间写信，周围很远都无人居住。我的马车出了事故，我们陷在很深的沙质路基中。我的仆人在上天派来的一个农民的帮助下，正在修理损坏的马车，我则因为对这样的事情一筹莫展而变得谦卑起来，感到我如果想要帮助那两个干活的人只会碍手碍脚，于是便在人被剥夺了文明的所有附属物，只能靠自己的力气去和荒野自然作斗争的时候——荒野自然依然武装了从天主那里得来的各种原始的力量——拿起笔来证明精神文化的无用。

就像前面说的，在俄国，漂亮的农妇很少见；但是，一旦有漂亮的，她们的美就是完美的。她们椭圆形的眼睛流露出一种奇怪的表情。眼睑像雕刻的一样十分精美。但瞳孔的蓝色往往是朦胧的，就像塔西佗描写过的古萨尔马希亚人。这种颜色让她们朦胧的眼神显得温柔、纯真，其魅力无法抵挡。她们既有北方女性所有的清秀，又有东方女性所有的性感。这些尤物和善的表情激起一种奇特的感觉，一种尊重与信任兼而有之的感觉。要想知道原始人真正的天赋，那就必须游览俄国内地；社会细微的进步对他来说都不见了。在这个父权制的国度，正是文明败坏了它的居民。斯拉夫人生来心灵手巧、爱好音乐而且可以说是心地温柔。受过训练的俄国人虚假、专横、善于模仿并抱有愚蠢的自负。假如俄国始终由开明的君主统治，用现在的话说，就是由进步之友统治，那要让一个民族的风俗习惯符合新欧洲的观念，会需要上百年的时间。如今，各阶级完全隔离的状态让社会生活成了一件暴力的、不道德的事情。可以认为，卢梭最初正是从这个国家得到了他的制度的灵感，因为，甚至无须拥有他那种神奇的雄辩就可以证明，艺术和科学对于斯拉夫人来说是害大于利。未来将会向世人表明，军事和政治的荣耀是否可以补偿俄罗斯民族因其社会组织形式而被剥夺的幸福。

在血统纯正的斯拉夫人当中，优雅是天生的。他们的性格兼具纯朴、温柔和敏感。这种性格令所有人为之着迷。它往往带有很多喜欢嘲讽的以及一点点喜欢骗人的成分。但是，当内心天生亲切的时候，这些缺点就变成了某种优点。此外，斯拉夫人还拥有面容的优势，其体贴的表情是无法模仿的。这种面容凭借一种说不上来的魅力与淡淡的忧郁，影响了吃苦受难的温和的性格。那种性格差不多一向都源于秘而不宣的罪恶感。受苦的人对自己瞒着这种罪恶感，以便更好地瞒着别人。总之，俄国人是一个顺从的民族，这个简单的描述可以解释一切。被剥夺了自由的人——在这里，自由的定义包括自然权利和真正的需要——尽管有可能拥有各种其他的优势，但就像隔绝了空气的植物一样，你给它的根浇水是徒劳的，渐渐枯萎的花柄上能生出一些叶子，但永远也开不出花来。

真正的俄国人在性格、面容和整个举止上，都拥有某些他们特有的东西。他们举止轻盈，所有的动作都显出天生的优越性。他们的大眼睛呈长椭圆形，眼睑只凸起一点点。他们的眼神很迷人，既充满柔情又带点顽皮。希腊人在其富有创造力的语言中把这些地区的居民称为锡罗米德人，这个词的意思是长着蜥蜴眼睛的。拉丁语中萨尔马希亚人一词便由此而来。这种眼神给所有细心的观察家都留下了深刻的印象。俄国人的额头不太高，也不太宽，但形状是古典的、优美的。在俄国人的性格中，猜疑和轻信、无赖和温和兼而有之，而且这些对照别有魅力。与其他大多数北方民族一样，斯拉夫人既不粗俗也不缺乏感情。他们生来就富于想象，而且他们的想象是与其所有的感情交织在一起的。对于他们来说，爱带有几分迷信的性质。他们的情感细腻而不活泼。他们哪怕是在激动的时候也总是文静的，可以说，他们的理智渗透了他们的情感。性格中所有这些微妙的差别都表达在他们的一瞥中。那一瞥希腊人有过非常生动的描绘。

古希腊人生来就有欣赏人和事物的敏锐的才能，以及用名词来描绘人和事物的才能。这样的才能使得他们的语言在欧洲所有语言中变得非常丰富，使得他们的诗歌在所有诗歌流派中变得非常美。

俄国农民酷爱喝茶，这一点证明了他们生性优雅，非常符合我对他们的描述。茶属于高雅的饮料，它在俄国已经成了绝对的必需品。民众在要赏钱的时候，他们说是喝茶——"纳恰伊"。

这种天生的高雅趣味与精神文化没有任何关系，它甚至也不排斥野蛮和残忍，但它排斥庸俗。

现在我眼前的情景向我证明，我一直听说的有关俄国人特别灵巧和勤劳的传闻是真的。

莫斯科大公国的农民把不承认任何困难当作基本的准则。我的意思不是说，这样做合乎他自己的愿望——多么不幸的人！——而是说这样做合乎他接到的命令。凭借总是随身携带的短柄小斧，他摇身一变成了魔法师，转眼间就能把荒原中所需要的一切变出来。他可以给你修马车，或者，如果马车没有办法再修了，他就熟练地利用旧马车上还能用的部分再造一个新的，一种俄式四轮运货马车。在莫斯科的时候，有人建议我坐那种不带弹簧的四轮俄式大马车。要是当初听从那个建议就好了，因为对于那样一种马车来说，绝不会有停在路上的危险。随便哪个俄国农民都可以把它修好，甚至重新造一个。

如果你希望扎营，这位无所不能的天才就会给你建一个过夜的住处，比城里的小旅馆还要好。在把你安顿下来并且安顿得和你能够想象到的一样舒服之后，他就裹着羊皮睡在你新居的门口，像一条忠实的狗一样，守护着入口。要不然，他就会坐在为你建造的新居前面的树底下，一边望着天，一边用民族歌曲来缓解你夜宿的孤独。忧郁的歌声唤起你心中最温柔的反应，因为音乐天赋也是这个特权民族的特点之一。和你分享他亲手建造的小屋才算公平，这种想法在他的头脑中是绝对不会有的。

他们民族的这些精华，会不会在天主出于自身的某种设计而留待备用的荒原中继续埋没更长的时间？这个问题只有天主能够回答！他们什么时候能够得救甚至凯旋，这个问题乃是天主的秘密。

这些人的思想和感情非常简单，令我印象深刻。天主是天上的王，沙皇是地上的王，这就是他们全部的理论。主人的命令，甚至主人的任性，因为奴隶的服从而得到认可，而这对于它们的执行来说就够了。俄国的农民认为，他的身体和灵魂都属于他的地主。

与这种社会忠诚相一致，他的生活中没有欢乐，但不是没有骄傲。因为对于智慧生命来说，骄傲是其生活中绝对不可缺少的心理要素。它会表现为各种形式，甚至表现为谦卑，即基督徒发现的那种宗教上的谦逊。

俄国人不懂得对这种地主说"不"是怎么回事；对他来说，地主代表的是另外两个更大的主人，天主和皇帝。他把他所有的才能、所有的荣耀，都放在克服生活中那些小小的困难上。那些困难被其他地方的下层人当作他们报复富人的辅助工具而受到吹捧甚至重视——那些下层人认为富人是敌人，因为富人被认为是尘世中幸福的人。

俄国人被彻底剥夺了生活中所有的福祉，彻底得让他们没有了嫉妒心。最可怜的人是那些不再抱怨的人。我们当中嫉妒的人是那些雄心壮志没能实现的人。法国是个很容易谋生并且快速致富的地方，也很容易滋生喜欢嫉妒的人。我不同情折磨着这些人的充满怨恨的懊悔，他们的灵魂因为奢侈的生活而衰弱无力。但是，这里的农民的忍耐激起了我的同情——这句话我几乎是抱着深深的敬意说的。俄国人在政治上的自我否定是可鄙的、令人反感的。他们在本国的顺从是高尚的、感人的。民族的罪恶变成了个人的美德。

悲怆的俄国歌曲给每一个外国人都留下深刻的印象。

但是，这种音乐不仅仅是忧郁的，它还是科学而复杂的。它既有充满灵感的旋律，又有和谐悦耳的组合，极为深奥，那是在其他地方不经过研究和计算做不到的。穿过村庄的时候，我常常停下来听上几首由几个不同声部演唱的曲子，唱得十分准确，充分展示了音乐的直觉，令我赞叹不已。这些乡村五重唱的表演者靠直觉猜出了对位法、作曲规则、和音原理以及不同声部的效果，所以他们看不上齐唱。他们表演了一系列让人想象不到的经过精心设计的合唱，并在合唱中加入了一些颤音以及柔和的装饰音。那些合唱即便并不总是完美无瑕，但相比于在别的国家听到的民族歌曲，却算得上非常优秀。

俄国农民的歌是带有鼻音的哀歌，如果只用一个声部来唱就不太好听，但如果是合唱，这些如怨如诉的歌声就有了严肃的、宗教的性质，并制造出令人称奇的和谐的效果。我原本以为俄国的音乐源自拜占庭，但现在明白了，它是土生土长的。这样就可以找到那些歌曲——尤其是用活泼的动作装出快乐样子的那些歌曲——深沉的忧郁的原因了。如果说俄国人不知道怎样反抗压迫，那他们知道怎样在压迫下叹息和呻吟。

如果我是皇帝，我不会只是禁止我的臣民抱怨，我还要禁止他们唱歌，因为唱歌就是经过伪装的抱怨。这些哀恸的音调就是公开的表达，而且还可能变成指控。它确实如此，以至于艺术本身在专制制度的压迫下也不单纯，而是间接的抗议。

所以，政府和廷臣毫无疑问会喜欢外国的作品，文学的或艺术的作品。但是，借来的诗意没有根基。在一个由奴隶构成的民族中，当爱国之情制造出深刻的情绪时，那种情绪很可怕。凡是民族的东西，甚至包括音乐，都变成了反抗的工具。

就这样，在俄国，从最遥远的荒原的各个角落，人的声音把渴望复仇的申诉送到了天上，向天主要求尘世拒绝给予他们的那份幸福。再没有什么比俄国民众在其娱乐活动中显出的那种悲凉，更能反映他们习以为常的苦难了。俄国人有安慰，但毫无欢乐。我很惊讶，在我之前没有谁向俄国政府发出过警告：它竟然那么不谨慎，听任民众在娱乐中暴露出他们的悲惨和无奈。有足够强大的力量压迫民众的人，为了保证政策的一致性，应该禁止他们唱歌。

我现在是在通往下诺夫哥罗德的最后一段路上。我们是靠三个轮子过来的，在第四个轮子的位置，我们拖着个木头撑子。

从雅罗斯拉夫尔到下诺夫哥罗德的路大部分都是长长

的花园大道，几乎一直沿着直线，比巴黎的香榭丽舍大街还要宽，而且路的两侧各有一条小径，路面覆盖着草皮，还有桦树遮阴。因为基本上一直是在草地上赶车，所以这条路比较好走，除了在从有弹性的桥上穿过沼泽的时候。那是一种浮动的桥面，比较奇怪，但无论是对马车还是对马匹都不安全。一条长了很多草的路，可能很少有人走，因而比较容易养护。昨天，在我们的车子出故障之前，我正在对宪兵夸奖我们全速通过的这条路。"毫无疑问，它很漂亮，"那人回答说——他的体型像黄蜂，五官轮廓分明但面色干枯，举止胆怯而阴险，像是抱着因为恐惧而压抑着的仇恨——"毫无疑问，它很漂亮，因为它是通往西伯利亚的大路。"

这些话让我浑身发冷。我对自己说，我走这条路是为了消遣，但是在我之前走这条路的很多不幸的人们，他们有什么想法和感觉？我绞尽脑汁，想象着这些想法和感觉。西伯利亚！俄国那个地狱连同它所有的幻影不停地出现在我的面前。它对我起到了巴西利斯克[1]的眼神对被迷住的小鸟一样的效果。

这是个什么样的地方啊！一望无际的平原，没有色彩，

---

1 巴西利斯克（basilisk），欧洲古代和中世纪传说中的一种怪物，状如蜥蜴，有一双可怕的红眼睛，只要被它看一眼就会死去。

只是零零星星地有一点地表的起伏，几块种了燕麦和黑麦的麦田，远处稀稀拉拉的一些桦树和松树的林子，道路沿线坐落在地势很高的地方、用灰色木板搭成的相隔二三十里格或五十里格的村庄，规模之大能把居民吞掉的城市，以及就像它们反射出的天空一样单调乏味的没有任何色彩的大河。感觉严冬和死亡正笼罩着这些景色，让所有东西都像在葬礼上一样。受到惊吓的旅行家终于感到自己被活埋了，于是，快被闷死的他挣扎着掀掉他的棺材盖，那种把他与活的东西分开的铅灰色的帷幕。

不要到北方来寻找快乐，至少除非你是寻找研究的快乐，因为这里有很多值得研究的东西。

当时我正走在通往西伯利亚的大路上，突然看到远处有一群武装人员，他们停在路边的一条小路上。

"那些士兵在那里做什么？"我问我的向导。

"他们是哥萨克，"他答道，"正在把流放犯押送到西伯利亚！"

那么说，这不是做梦，不是报纸上编造的东西。我在那里看到了那些真实的、不幸的人们，看到了真正的流放者，正在疲惫地徒步朝前走，去寻找那片他们必将默默无闻地死在那里的土地，远离他们的亲人，独自与天主在一起，而天主绝不是为了这样一种命运才创造了他们。也许我曾经遇到过，或者将会遇到他们的妻子或母亲，因为他们不是罪犯，相反，他们是波兰人，是不幸的、充满献身精神的英雄。当我走近这些不幸的人们，我的眼里噙满泪水。我甚至不敢靠近他们，唯恐引起我的阿尔戈斯[1]的怀疑。唉，在这样的苦难面前，我那无能为力的怜悯心让我感到丢脸，于是，心头升起的怒火超过了同情。我真希望离这样一个国家远一点。在那里，充当我向导的那个卑鄙的家伙有可能变得非常可怕，逼得我因为他的存在而不得不掩盖我心中最自然的感情。我徒劳地反复对自己说，我们囚犯的处境或许比西伯利亚的开拓者还要糟呢：那个遥远的流放地有一种朦胧的诗意，它给严厉的判决添加了想象力的所有影响，而这种没有人性的联合产生了可怕的效果。此外，我们的囚犯是经过庄严宣判的，但是在俄国，待上几个月就足以让我们确信，那里根本就没有法律。

在路上的是三个流放犯，而他们在我看来都是无辜的，因为在专制制度下，唯一有罪的就是那个不受惩罚的人。这三个犯人由六个骑马的哥萨克押送。我的车顶是合上的，我们离这群人越近，向导就越是盯着我，观察我脸上的表情。我印象很深的是，他竭力想让我相信，他们只

---

[1] 阿尔戈斯（Argus），希腊神话中的独眼巨人，借指警惕的看守者。

是普通的罪犯，他们当中绝没有政治犯。我沉着脸，一言不发。他那么卖力地回应我的想法，我觉得这意味深长。

专制制度的臣民眼光真毒！所有人都是探子，虽然不太专业，而且也没有报酬。

通往下诺夫哥罗德的最后几段路不但距离长，还很难走，因为那几段路是沙质路基，会使马车越陷越深，直到几乎被埋在里面。沙质路基里还藏有大块活动的木头和石头，对马车和马匹非常危险。这部分道路的边上是森林，森林里每隔半里格就有哥萨克的营地，他们是被指定保护赶集的商人旅途安全的。这样的办法让我想起了中世纪。

车轮修好了，所以我希望在入夜之前到达下诺夫哥罗德。

第三十三封信

下诺夫哥罗德，8 月 22 日

下诺夫哥罗德的位置·皇帝对那座城市的偏爱·下诺夫哥罗德的克里姆林宫·集市上的人群·省长·奥卡河上的桥·很难找到住宿的地方·波斯卡之灾·宪兵的骄傲·集市的场地·地下城·奇特的河面·茶叶城·破布城·车轮城·铁器城·集市的起源·波斯人的村子·黑海咸鱼·皮革·毛皮·北方的游民·糟糕的选址·农奴的商业信用·他们的计算方法·不讲信用的贵族·商品的价格·布哈拉人的绿松石·日落后的集市·音乐在俄国的影响

　　下诺夫哥罗德所在的位置是我在俄国见过的最漂亮的。我看到的不再是一条大河边上微微隆起的低矮河岸，而是真正的山，俯视着伏尔加河与奥卡河的交汇处。那两条河流同样壮观，因为奥卡河在它的河口处，看上去与那条更有名的河流一样大。建在这座山上的高高的下诺夫哥罗德城，俯瞰着像海洋一样辽阔的平原。在它面前，展开的是一片无边无际的土地，而在它的脚下，则可以看到世界上最大的集市。每年有六周时间，地球上两个最富裕的地区的商业，在奥卡河与伏尔加河的交汇处相遇。这是个值得描绘的地方。到现在为止，我在俄国欣赏到的唯一真正地美如画的景色，是莫斯科的街道和彼得堡的码头。但那些景色是人造的，而这里的美出于天然。不过，古代的下诺夫哥罗德城没有往两条河流的方向发展，并从它们提供的财富中获益，反而把自己藏在那座山的后面。它在那里消失在原野中，似乎回避自己的荣耀和繁荣。这个不明智的位置给尼古拉皇帝留下深刻的印象。他头一次看到这个地方就大喊："在下诺夫哥罗德，自然把所有的事情都做好了，而人却把所有的事情都糟蹋了。"为了纠正下诺夫哥罗德的创建者们的错误，在高地脚下，在把两条河流分开的两块尖形陆地当中位于奥卡河右岸的那块上面，以码头的形式建了一个郊区。这座新城逐年扩大。它在人口和重要性方面正在超过古城。把新城和古城分开的是下诺夫哥罗德的老克里姆林宫。俄国的每座城市都有克里姆林宫。

集市办在奥卡河的对面，在一大片低洼的土地上，那里与伏尔加河呈三角形。奥卡河上用船搭了一座浮桥，作为从城里到集市的道路，而且它似乎与美因茨的莱茵河上那座桥一样长。就这样连接起来的河的两岸，有着迥然不同的特点。下诺夫哥罗德岬角所在的河岸，矗立在这片广袤的原野中，而另一边河岸则是被称为俄罗斯的大平原的一部分，几乎与河水平齐，每年都会有一段时间被河水淹没。这种独特的对照之美没有逃过尼古拉皇帝的眼睛。那位君主以其特有的远见卓识，意识到下诺夫哥罗德是他帝国中最重要的地方之一。他非常喜欢这一要津，那样得天独厚，而且它已成为远方的人们相会的地方。在强大的商业兴趣的吸引下，那些人从四面八方汇聚于此。陛下没有忽视任何能让这座城市变得更美、更大和更富的东西。马卡里耶夫集市从前是在下游，即沿着伏尔加河向亚洲方向二十里格外一位波雅尔的土地上举办的，后来为了皇室和国家的利益而被没收。亚历山大皇帝把它搬到下诺夫哥罗德。[1] 我为在莫斯科大公国的一位公爵领地上举办的那个亚洲人的集市感到惋惜，与我在这里看到的集市相比，它肯定更加原汁原味和更加别具一格，尽管不太大，也不太正规。

我已经说过，俄国每座城市都有克里姆林宫，就像西班牙的每座城市都有阿尔卡萨尔宫一样。下诺夫哥罗德的克里姆林宫周长差不多有半里格。它有形状各异的塔楼，有尖塔和带雉堞的宫墙。宫墙围在比莫斯科的克里姆林宫所在的高地高多了的一座山的周围。

1　马卡里耶夫集市原来的举办地是在下诺夫哥罗德下游马卡里耶夫修道院的围墙外面，其历史可追溯至 1620 年代，1816 年大火后被搬到下诺夫哥罗德。

当旅行者从平地上看到这座城堡，他会十分惊讶。正是这座灯塔，让他朝着它闪闪发亮的、从长得极矮的松林上方冒出来的角楼和白墙方向确定了路线，穿过保护着从雅罗斯拉夫尔一侧通往下诺夫哥罗德的道路的那片沙漠。这种民族建筑一向非常醒目，但是在这里，作为所有的克里姆林宫都有的装饰，奇形怪状的塔楼和基督教的宣礼塔实际上因为地势突出而变高了，因为这个选址的某些地方是真正的悬崖峭壁，它们与建筑师的创造物形成鲜明的对照。在围墙最厚的地方，就像在莫斯科一样，建造了楼梯，用来从雉堞到雉堞，登上山顶宫墙的最高处。这些居高临下的楼梯，连同在其侧面带有这些楼梯的塔楼，还有斜坡、拱顶以及支撑它们的拱廊，不管从哪个位置走近，都像是一幅图画。

下诺夫哥罗德集市现在成了世界上最有名的集市，成了在相貌、服饰、语言、宗教以及风俗方面迥然有别的人们会集的地方。来自布哈拉以及与中国接壤的地区的人们，来与波斯人、芬兰人、希腊人、英国人以及巴黎人相会。这就像商人的审判日。集市期间，在下诺夫哥罗德的外国人平均每天有二十多万人。参加这个一年一度的大聚会的人们，每天来来往往，但总数几乎不变。不过，在某些日子，下诺夫哥罗德有多达三十万人。宿营地里面包的消耗量每天重达四十万镑。除了在工贸业的这种狂欢季，下诺夫哥罗德城死气沉沉。城里的常住人口才两万。在集市关张的九个月，他们与巨大的街道以及空荡荡的广场相比，就跟不存在似的。

集市几乎不会带来混乱。在俄国，人们不知道混乱是怎么回事。假如出现混乱，那会是一种进步，因为它是自由的产物。爱财以及不断增长的对于奢侈品的需要——现在即便是野蛮民族也感受到这种需要了——使得从波斯、布哈拉来到这里的半野蛮人，认识到有规则的行为和诚信的好处。此外，必须承认，伊斯兰教徒总的来说在钱财上十分规矩。

尽管我进城才几个小时，可我已经见过省长。我有几封写满了溢美之词的介绍信给他。他显得很热情，而且，作为俄国人，显得开放而健谈。他的姓在俄国古代历史上很有名，就是布图尔林。布图尔林一家属于一个古老的波雅尔家族，那个阶级现在越来越少了。

我在俄国几乎没有遇到过真正稠密的人群，除了在下诺夫哥罗德，在奥卡河的桥上，那条城里通往集市场地的唯一道路，也是我们从雅罗斯拉夫尔进入下诺夫哥罗德的道路。到了集市的大门口，向右拐，过桥，经过左侧的货摊以及省长的临时宫邸———一座楼阁式建筑，起着瞭望台的作用，省长每天上午都去那里，从那里眺望所有的街道和所有的商铺，并主持集市的总体安排。尘土、嘈杂声、马车、行人、负责维持秩序的士兵，对于桥上的通行造成很大的影响。那座桥的作用和性质起初很难理解，因为河面上有很多船，乍一看会让人以为河是干的。在伏尔加河与奥卡河的交汇处，船只都挤在一起，要过奥卡河，从平底帆船上就可以过去。我用平底帆船这个中国词，是因为去下诺夫哥罗德的大部分船只，运到集市的都是中国商品，尤其是茶叶。

昨天刚到的时候，我以为我们的马匹在到达奥卡河码头之前会撞翻二十个人。奥卡河的码头是下诺夫哥罗德的新城，属于郊区，再过几年会很大。

当我到了热切盼望的岸上，我发现有其他许多困难等着我。当务之急是必须找到住宿的地方，而客栈都满了。我的宪兵挨个敲门，回来时总是带着同样的笑容——正因为它的僵化不变才显得很可怕的笑容，告诉我他一间房也找不到。他建议我向热情好客的省长求助，但我不愿意这样做。

最后，到了这个郊区的长街的尽头，在通往老城、顶上有下诺夫哥罗德克里姆林宫的陡峭的小山脚下，我们看到一家咖啡屋，一个带有顶棚并散发出难闻气味的公共市场把通往它的道路堵住了。我从这里下去，受到店主彬彬有礼的接待。他领我穿过一个又一个房间——里面全是穿着皮袍的男人，喝着茶和别的酒精饮料——直到把我领进最后那个房间，他向我表示，他一间空的都没有了。

"这间房是在屋子的角落里，"我说，"它有便门吗？"

"有的。"

"很好。把与其他房间隔开的那扇门锁上，就用它做我的卧室吧。"

我呼吸的空气已经让我感到透不过气了，里面混合了很多完全相反的气味。绵羊皮上的油脂味，加工过的皮革的麝香味，靴子的鞋油味，作为农民主食的卷心菜味，还有咖啡、茶、烈酒和白兰地的气味，全都让空气变得浑浊了。整个就是毒药，但我能怎么办？它是我最后的办法。我还希望，在客人们都散了之后，把它打扫擦洗一下，房间里难闻的气味就会没了。于是，我坚持要求宪兵把我的建议对咖啡屋店主解释清楚。

"那样我会亏本的。"那人答道。

"你要多少钱我都给你，只要你在哪里还能找个住的地方给我的仆人和向导。"

交易达成了，于是我就在这里，一个肮脏不堪的客栈，很自豪地迅速拿下了一个房间，为之我不得不支付比巴黎王子旅馆最好的房间还贵的价钱。只有在俄国，在人的突发奇想被认为无所不能的国家，才能在转眼间就把咖啡屋的大厅变成客房。

我的宪兵有办法让那些喝酒的人消停下来。他们站起身，丝毫没有表示反对，就挤进了隔壁房间，门用我提到过的那种锁给他们锁上了。十几张桌子把房间塞得满满当当，但是，一群穿着长袍的神父，也就是说，一群穿着白衫的侍者，对那些家具一阵猛搬，一会儿工夫就给我只留下光溜溜的四壁。但是，接下来我的眼睛看到的是什么样的景象啊！在每张桌子下面，在每张凳子下面，无数的害虫在蠕动。那种虫子我从来没有见过，黑色，大概有半寸长，肥肥的，软软的，黏糊糊的，动作非常灵活。这种可恶的东西在东欧的一些地方，在沃里尼亚、乌克兰、俄国还有波兰的部分地方比较常见，我想，它在那里是叫作波斯卡，因为它是从亚洲带来的。我不清楚下诺夫哥罗德咖啡屋的侍者叫它什么。看到我房间的地板上东一块西一块的这些活动的爬虫，每走一步都会被踩死，不是成百，而是上千，以及闻到这种大屠杀散发出的新的难闻的气味，我感到绝望了，从房间逃到街上，接着就要去找省长。直到确信那个可恶的住处已经尽可能地打扫干净，我才又进去。我的床是用新的干草铺的，放在房间中央，四只床腿摆在盛满水的陶盆里。虽然有了这些措施，我还是从紧张不安的睡梦中醒来，发现枕头上有两三只波斯卡。这种爬虫没有毒，但它们让我感到说不出的厌恶。它们出现在人住的地方所暴露出的污秽和无动于衷，让我后悔来到世界的这个部分。挨着这些从垃圾中生出来的东西，我似乎有一种道德上的堕落感。生理上的厌恶战胜了理性的所有努力。

莫斯科的一位商人，他在集市上有最豪华、面积也最大的丝绸货栈，今天上午来带我过去好好地逛一逛。

我又一次发现这里的尘土和令人窒息的暑热像南方一样。所以我得到很好的建议，不要徒步去集市。但这个时候下诺夫哥罗德的外邦人太多，我没能雇到车子，只好用我那辆从莫斯科带来的比较简陋的马车，而且只给它套了两匹马，这一点让我很生气，就好像我是俄国人。他们赶四匹马倒不是因为虚荣，而是因为那些牲口性子烈，但不强壮，拉的东西一重，很快就累了。

和那位给我当导游的热心商人以及他的兄弟一起上车的时候，我告诉宪兵跟着我们。他没有犹豫或者等候征求我的同意，就大大咧咧地上了那辆折篷轻便马车，神色从容，令我惊讶地坐在某某先生的兄弟旁边，而某某先生的兄弟不顾我的劝告，执意要背对着马坐着。在这个国家，马车的主人一般都是面朝着马坐的，哪怕他身边没有女士，而他的朋友则朝着相反的方向。这种不礼貌的行为在这里没人在意，而在我们当中不会那么做，除非存在最严格意义上的亲密关系。

因为担心向导[1]随便的样子让我两位热心肠的同伴不快，我觉得有必要让这人离开，于是我就很有礼貌地告诉他，坐到马车夫旁边的座位上。

"我不会坐到那种位置。"宪兵气定神闲地回答说。

"你为什么不听从我的吩咐？"我问道，语气更加平静，因为我了解这个半东方的民族，要保持你的权威，就必须不动声色。

我们说的是德语。"那会有损身份。"俄国人用同样平静的语气回答说。

这让我想起了波雅尔当中有关身份的争论，几位伊凡在位时这种争论常常很严重，在那一时期的俄国史中占了很多篇幅。

"你说有损身份是什么意思？"我继续问道，"自从我们离开莫斯科，那个位置不是你一直坐的吗？"

"不错，先生，那是我在旅行时坐的位置，但是在兜风的时候，我应该坐在车里。我穿着制服呢。"

1　指给作者充当向导的那名宪兵。

这种制服，我在别的地方注意过，是驿站人员的制服。

"我穿着制服，先生，我在官阶表上是有级别的，我不是私人的仆人，我受雇于皇帝。"

"我不管你是什么，尽管我从来没有说过你是仆人。"

"当你在城里兜风的时候，如果我坐在那个位置，看上去就会像是仆人。我服务多年了，作为我良好品行的补偿，他们说我有望成为贵族。我正在努力得到它，因为我是有抱负的。"

像这样把我们老的贵族观念与专制君主给一个患有嫉妒病的民族灌输的新的虚荣心混为一谈，让我非常意外。在我面前就是关于那种最糟糕的仿效的实例——正在往上爬的人已经摆出新贵架势的实例！

沉默了片刻，我回答说："我认可你的骄傲，如果它理由充分的话。但是，我对你们国家的习惯不太了解，在允许你进入我的马车之前，我会把你提出的要求禀告省长。我只是要求你遵守在把你派给我时给你的命令。在不确定你的权利的情况下，今天我就不需要你的服务了，我一个人出去。"

对于自己说话时那种自大的口气，我感到很好笑。但是，为了让剩下的旅程舒服一点，我认为这种虚张声势很有必要。无论什么事情，不管它多么荒谬，都可以从专制的状况及其必然结果中得到解释。

这个渴望贵族身份的人，这个严格遵守旅途规范的人，每个月我要付给他三百法郎的工资，尽管他很傲慢。当听到我最后几句话，他脸红了，没再回嘴就下了马车，一声不吭地进了屋子。

举办集市的场地非常宽敞，幸亏我没在一个月前徒步去那里，因为白天还是很热的，太阳光照的时间仍然有十五个小时。

各个地方的人，尤其是远东的，在这里聚到一起。不过，这些人的名字比外表还要奇怪。亚洲人长得都差不多，或者至少可以分成两类：那些脸像类人猿的，比如卡尔梅克人、蒙古人、巴什基尔人，以及那些侧面像希腊人的，比如切尔克斯人、波斯人、格鲁吉亚人、印度人，等等。

就像我说过的，下诺夫哥罗德的集市是在一块极为平坦的巨大的三角洲上举办的。三角洲在奥卡河汇入伏尔加河的河口处，一直伸展到两条河宽阔的水流之间的某个点。因此，它的两边分别以这两条河流为界。那片堆积了那么多财富的土地，将将高出河面。商城由一连串又长又宽的街道组成。街道横平竖直，损害了它们别致的效果。十几座被称为中式楼阁的建筑高出了商铺，但其奇异的风格不足以纠正这些大建筑在总体外观上的单调乏味。所有的建筑围成一座长方形的巴扎，面积特别大，显得孤零零的。一进入集市里面的一排排货摊，拥挤、稠密的人群就消失了。与俄国其他所有的现代城市一样，这座集市之城对于它的人口来说是太大了，尽管准确来说，它的人口达到二十万，包括分散在船上的两栖社区，以及集市周围的临时营地。商铺的下面是一座地下城——巨大的拱状下水道。在那座迷宫里，想要进去的人如果不带上有经验的向导是会迷路的。集市每条街道的两边全长都有地下通道，用来排放所有垃圾。下水道是用石头建的，每天都要用很多水泵冲刷几次。水泵从旁边的两条河里引水。顺着又大又漂亮的石头阶梯可以进入那些下水道。

这些下水道——它们也用来预防在露天的大街上各种令人作呕的东西——由哥萨克负责。他们成了它的警察，而且他们很有礼貌地邀请人们下去。它们是我在俄国见到的最宏伟的工程之一，可以作为典范推荐给巴黎的下水道建筑师。那么庞大而又那么坚固，让人想起了传说中的罗马。它们是亚历山大皇帝建造的。他像他的一些前任一样，试图征服自然，把集市建在一年要有半年会被洪水淹没的土地上。他浪费了大量金钱，来弥补把马卡里耶夫集市搬到下诺夫哥罗德时因为做出了不明智的选择而造成的不便。

把集市之城与永久性的城市分开的奥卡河，在这里的宽度是塞纳河的四倍以上。四万人每晚都睡在它的怀抱里，他们把窝做在船上，船组成一种水上营地。从这座水上城市的表面，每晚都会传来低沉的说话声，很容易让人以为是汩汩的水波声。所有这些船只都有桅杆，因而就出现了一片水上森林，里面住着来自世界各地的人们。他们的面孔和他们的穿着同样奇怪。这种情景比这座巨大集市上的其他任何东西给我的印象都深。像那样有人居住的河流，让人想起了传说中的中国。

俄国这部分地区的农民，有些穿的是束腰白衬衫，带红色镶边。这种服装是从鞑靼人那里学来的。白衬衫在夜里让他们看上去像是在黑暗中游荡的幽灵。集市上有很多奇怪而有趣的东西，但下诺夫哥罗德的集市算不上别具一格。它是中规中矩的平面图，不是优美的素描。在这里，专心于政治经济学或者数学计算的人，要比诗人或画家的事情多，因为问题仅仅是与世界上两个主要地区的商业平衡及进步有关。从俄国的一端到另一端，我感受到的是一个仔细的、由德国人教出来的政府，正在假惺惺地对一个心灵手巧的、可爱的、富有诗意的东方民族，一个为艺术而生的民族的原始天赋发动战争。

世界各地的商品都汇集在集市巨大的街道上，但它们在那里一点也不显眼。最缺的还是买主。在这个国家，到现在还没有哪里在我看到的时候不惊叹"地广人稀"的。在一些古老的社会，情况刚好相反，那里的土地不够用来支撑文明的进步。法国人和英国人的货摊是最考究的。看到它们，人们会以为自己是在巴黎或伦敦。但这条东方的"邦德街"，这座草原上的"皇家宫殿"，并不是下诺夫哥罗德市场中真正的财富。[1] 要想对这个集市的重要性有正确的认识，就必须追溯它的起源，以及它最初的举办地。在马卡里耶夫取得成功之前，它设在喀山。古代世界的两端，西欧和中国，在俄国鞑靼人的首都相遇，交换它们各式各样的产品。现在这是在下诺夫哥罗德完成的。但是，如果旁观者不离开那些寻常的货摊和给亚历山大的现代巴扎增光添彩的典雅的楼阁，去好好看看两边的一些不同的营地，那对于一个用来交易两大洲商品的市场，看法就会很不完整。集市边上的这些地方，并不像集市里面那样井然有序，而是像庄园中的晒谷场——不管主建筑多么高大、整齐，附属建筑总是乱七八糟。

要把外面的这些货栈看完，哪怕看得很快，也绝不是件容易的事情，因为它们每一个本身就大得像座城。那里充满了持续的、真正宏大的活跃气氛——一幅只有看到它

1　邦德街（Bond Street）是伦敦市中心一条著名的商业街，而皇家宫殿（Palais Royal）是在巴黎。

才会相信的真实的重商主义混乱景象。

先从茶叶城开始。它是亚洲人的营地，营地在两条河的岸边一直延伸到它们的交汇处。茶叶是经过位于亚洲的恰克图从中国运来的。在这第一个货栈，它被用来交换商品，并从那里打包运输。包裹就像小箱子，正方形，边长约两英尺。这些包裹的形状大小都一样，外面用兽皮蒙上。买家用一种探针戳进去，再抽出来，以确定商品的质量。从恰克图出发，茶叶由陆路运到托木斯克，然后从那里装船，沿着几条河流，其中主要是额尔齐斯河和托博尔河，一路航行到秋明，再从那里经陆路运到西伯利亚的彼尔姆，并从那里装船，经卡马河进入伏尔加河，溯流而上到达下诺夫哥罗德。俄国每年接收七万五千箱到八万箱茶叶，其中的一半留在西伯利亚，等到冬天用雪橇运到莫斯科，而另一半则运到这个集市。

俄国最主要的茶商就是为我写了上述路线的那个人。对于那个富豪的说法在地理上是否准确，拼写有没有问题，我不负责，但是，一个百万富翁的说法总的来说是正确的，因为他可以买到别人的知识。

我们将会看到通过商队运来的这种著名的茶叶，据说香醇可口，因为它是横跨大陆过来的，走的几乎总是水路。毫无疑问，那是淡水，而河流上的薄雾不会产生像海洋雾气那样的影响。

　　四万箱茶叶说起来轻巧，但读者可能不了解检验它们需要花多少时间，尽管那只是从成堆的箱子前走一走。今年，三天内卖掉三万五千箱。我那精通地理的商人一个人就买了一万四千箱，花了他一千万银卢布（卢布的纸币在这里不流通），一部分付现，余下的一年内付清。

　　茶叶的价格决定了集市上所有商品的价格。在茶叶的价格公布之前，其他交易仅仅是有条件地达成的。

　　还有一个同样大的城，但不像茶叶城那样雅致，气味也不太好闻，那就是破布城。好在那些收荒的人在把全俄的破衣烂衫弄到集市之前，已经让人把它们洗过了。这种对于造纸来说必不可少的商品，现在十分珍贵，俄国海关控制得很严，禁止出口。

　　集市边上另一座引起我注意的城，是剥了树皮的木材城。与维也纳的郊区一样，这些新城区比主城区还大。我提到的这个城是个货栈，里面是西伯利亚运来的木材。木材会被做成俄式大车的车轮和马轭。那些半圆形的马轭是用单根的木头弯曲而成的，它们固定在辕杆顶端的方式很别致，比帝国所有辕马的马头还高。货栈必须给俄国西部地区提供这些车轮和马轭。这里的木材堆积如山，我们巴黎的贮木场和它根本就无法相比。

还有一座城，而且我相信它是所有城当中面积最大也最令人好奇的。它是卖西伯利亚铁器的货栈。我在走廊下走了四分之一里格，走廊里面有人们熟悉的各种铁条、铁栅栏和熟铁制品，布置得很有艺术性；还有一堆堆农具和家用器具，一家家摆满了生铁容器的货栈；总之，那是一座金属之城，而金属是帝国财富主要的源泉之一。看到这样的财富让我心里发颤。要把这些宝藏挖出来，那得要多少罪犯？如果在那个产铁的地下世界中没有足够多的罪犯，那就用专制制度的受害者充数。如果允许的话，对于外国人来说，管理乌拉尔矿工的制度会是一个令人好奇的调查话题。但是，对于来自西方的欧洲人来说，从事这项研究的方法，将会和基督徒的麦加之旅一样艰难。

所有这些城市只能算是附属于主集市的小教堂，它们在作为共有中心的主集市的四周，没有任何规划或秩序地延伸。它们在外圈的周长，或者说总的周长，相当于欧洲比较大的首都的周长。要逛完所有这些临时的郊区，一天的时间都不够。在这样一个财富的迷宫中，什么都看是不可能的。看的人必须有所选择。

我必须长话短说。在俄国，我们对单调只能忍着；要生存就只能如此。但是在法国——我写的东西是要让那里的人看的——我没有任何权利指望读者会像我在这里那样，对它逆来顺受。如果他不远万里，想要了解被征服者的那种美德践行得怎么样，他就有义务保持忍耐，但他现在没有那样的义务。

我忘记说羊绒城了。看到这种捆成一个个大包的脏兮兮、灰扑扑的羊毛，我想到的是将来会披上它的美丽的肩膀，想到的是当它变成披肩，就会让华丽的服装变得完美。

我还看了毛皮城，还有草碱城。我是有意使用城这个词的，因为只有它可以让人想象出集市周围各式各样的货栈的面积有多大，而且它还让集市有一种宏大的性质，那是其他任何集市都不会有的。

这样一种商业现象只能出现在俄国。要想创造出下诺夫哥罗德那样的集市，就需要在仍然处于半野蛮状态的部落当中，有对于奢侈品的极端的渴望。在没有迅捷或容易的交通工具的情况下，那些部落生活的地区因为路途遥远而互相隔离，而且在那里，恶劣的气候会使居民每年有大半年的时间与世隔绝。单是这些因素加起来——毫无疑问还有其他许多我没有搞清楚的因素——就可以让商人不顾困难、花费和身体的疲惫，每年都在固定的时间，带着土地和工业出产的所有财富，前往该国的某一个地点。可以预言，在俄国，由于物质文明的进步，下诺夫哥罗德作为——就像我说过的——目前世界上最大的集市的重要性，将会大大降低，而且这一天我想不会太远。

在被奥卡河的河湾分隔开来的一个郊区，是波斯人的一个村庄，它的商铺专门出售波斯商品。在这些商品中，我特别欣赏看上去很华丽的地毯、生丝以及一种叫作特莫拉马的丝绸开司米织物——他们说，那只在波斯生产。

在这个地区，波斯人的体型和服装没有给人留下很深的印象。这里土生土长的居民本身就是亚洲的，并且保留了他们出身的痕迹。

我还走过一座专门用来存放咸鱼干的城，那些咸鱼干是从黑海运来的，是为俄国人的斋期[1]准备的。虔诚的希腊教徒是这些鱼干的主要消费者。莫斯科大公国人四个月的斋戒让波斯和鞑靼的伊斯兰教徒发了财。这座鱼干城挨着河边，有些鱼干堆在地上，剩下的放在把它们运来的船舱里。上百万条死鱼堆在一起，即便在露天里，散发出的气味也很难闻。另外隔出的一部分成了皮革城。皮革是下诺夫哥罗德的头号商品，因为运到那里的皮革要足够供应俄国西部所有地区的消费。

另一个是毛皮城。在那里可以看到各种动物的毛皮，从紫貂皮、蓝狐皮和某些熊皮，到普通的狐狸皮和狼皮。

1　希腊教会有四个斋期。

买件熊皮袍子要花一万两千法郎，普通的狐狸皮和狼皮不值钱。经营贵重毛皮的人给自己搭了帐篷，守着他们的商品过夜。那些帐篷就像兽穴，样子别具一格。这些人虽然住在寒冷的地方，可生存需要的东西很少，衣着单薄，天气好的时候就睡在露天里。他们是真正的北方游民，尽管与那不勒斯[1]的那些相比，没有那么快活、风趣或滑稽，而且更邋遢，因为他们的长袍从来不脱，而肮脏的长袍更显出他们的蓬头垢面。

我已经写的会有助于了解集市的外边，而里面，我再说一遍，没有什么意思。外边是马车和货车，走在乱哄哄的、充满了吵嚷声和歌声的、总之是很随意的人群中。里面是整齐、安静、冷清、秩序、警察——一句话，俄国！一眼望不到头的一排排房子，或者更准确地说货摊，分成大约十二条又长又宽的街道，街道的另一端是一座俄国教堂和十二座中式楼阁。不算上郊区，严格意义上的集市的所有这些街道和小巷的长度，加起来有十里格。

亚历山大皇帝在为集市选好新址之后，就下令为它的兴建做好必要的准备，但他没有看到它的兴建。他不知道

1　作者前面使用的游民（lazzaroni）一词，原意是指那不勒斯的那些无家可归、游手好闲，靠干点零活或乞讨为生的人，所以他接着就提到了那不勒斯的那些游民。

必须给他的预算追加一笔笔巨款，才能使这片低洼的土地适合指定的用途。依靠惊人的努力和巨大的开支，集市现在夏季也可以居住，而贸易就需要这一点。但它的情况还是很糟，太阳一晒就尘土飞扬，下点小雨就泥泞不堪，而且总是不卫生。这绝不是小的害处，因为有六周时间，商人们不得不睡在他们仓库的上面。

虽然俄国人喜欢直线，但许多人赞成我的想法，如果把集市放在老城旁边的山顶会更好。可以通过阶梯状平缓的斜坡到达山顶。小山脚下，奥卡河边，准备搬上来的太重和体积太大的货物，可以仍然放在船边，而在那座高城宽敞的平台上，会举办更加活跃的、以零售为主的集市。想象一下，挤满了亚欧各民族代表的小山会是什么样子。这样一座人山会产生巨大的影响，而现在流动人口挤在那里的那块湿地，制造的影响很小。

然后，各国娴熟的现代工程师，就会在那上面施展才能。诗人、画家、欣赏壮丽的景色以及如画美的效果的人们，还有现如今数量还不少的观光客——精力的滥用制造出游手好闲惯了的人——所有这些因为会花钱而有用的人，就会享受到非常美丽的散步场所，比在巴扎里提供的好得多，因为巴扎里找不到看风景的地方，而且在那里呼吸的空气是臭的。这样做值得考虑，同时，与皇帝为了兴建他的水上集市所花费的金钱相比，要得到这样一个结果，开支会少得多。

在这个庞大的市场，俄国农民是主要的代理商。不过，法律禁止农奴得到，或自由人给他，多于五卢布的贷款。然而他们与这些人当中的一部分人做的买卖，仅凭他们的承诺，就达到二十万到五十万法郎，而且支付周期非常长。这些身为奴隶的百万富翁，这些务农的阿瓜多[1]，是不识字的。在俄国，为了弥补后天的不足，人们必须拥有超乎寻常的天生的智慧。民众非常缺乏数学知识。几百年来，他们都是用带有一排排可移动的珠子的框框来算账的。每一排都有自身的颜色，代表不同的单位，十、百，等等。这种计算的方式又准又快。

不要忘了，对于这些巨富的农奴来说，他们的地主可以在一天内把他们剥夺得精光，只要他不对他们造成人身伤害。这样的暴行的确少见，但有可能。

没人记得曾经有哪个商人因为信任他与之做买卖的农民而吃了苦头。这一点千真万确，所以说在任何社会，只要它稳定，道德的进步就可以纠正制度的缺陷。

不过，另一方面，有人告诉我，有位舍列梅杰夫伯爵

1　亚历杭德罗·玛丽亚·阿瓜多（Alejandro María Aguado，1784—1842），西班牙银行家，当时的巨富。

的父亲——他现在还活着——曾经承诺过一家农民，只要缴纳五万卢布的一大笔赎金，就会给他们自由。他收了这笔钱，却把这家被剥夺了财产的人继续扣作他的奴隶。

这就是俄国农民在贵族专制下学习诚实和正直的学校。贵族专制沉重地压迫着他们，尽管统治他们的是君主专制，而君主专制对于它的竞争对手也常常无能为力。帝王的骄傲满足于言词、形式和数字，而贵族的志向针对的是实物，是从言词中得到好处。与那个被欺骗的人，也就是所谓的俄罗斯帝国的绝对君主相比，一个主人并不会得到更多的恭维和更少的服从。不服从的确很危险，但这个国家太大了，而荒凉的地方是不能说话的。

下诺夫哥罗德的省长布图尔林先生非常礼貌地邀请我在逗留该市期间，每天与他共进晚餐。明天他会给我解释，像舍列梅杰夫伯爵那样的在任何地方和任何时代都很少见的行为，在现在的俄国为什么不可能再出现。如果我能明白谈话说什么，我会提供它的大致内容，因为直到现在，我从俄国人嘴里除了胡言乱语，听不出什么东西。这是因为头脑缺乏逻辑呢，还是有意为之，想要迷惑外国人？我想，这可归因于两方面。因为始终都在竭力隐瞒真相，人们最终连自己也无法看到真相了，除非是透过每天都在加厚的帷幕。

在下诺夫哥罗德的集市上，除非是没人买的，否则没有商品是便宜的。不同地方价格差异很大的时代过去了。商品的价值无论哪里都清楚。从中亚来到下诺夫哥罗德的鞑靼人，为巴黎和伦敦供应的奢侈品花了大价钱，而作为交换，他们自己也带来了商品。对于那些商品的价值，他们知道得一清二楚。商人们仍然会利用买家的情况，拒绝按照公平的价格把商品卖出去，可他们蒙不了买家。不过，他们并没有降价，而是厚着脸皮漫天要价；他们的操守就在于，对于他们极为夸张的要价决不松口。

从财政的角度来看，集市的重要性在逐年增加，但是，与集市独特而别致的外表有关的兴趣减少了。总的来说，下诺夫哥罗德的集市会让喜欢奇异而有趣的事物的人感到失望。在俄国，一切都很乏味、死板和平常，至少除了在长期受到压抑的自由的本能突然爆发的时候。到了那个时候，农民就会烧死地主，或者地主娶自己的奴隶。但这些难得的爆发很少有人提到。遥远距离以及警方采取的措施，使得孤立的事实无法在民众当中传播。

我在集市中心闲逛的时候，看到了布哈拉人。这些人居住在与中国西藏接壤的某个角落。他们到下诺夫哥罗德是来卖宝石的。我从他们那里买的绿松石就和巴黎的一样贵，而且凡是有点价值的石头都一样价格很高。这些宝石商人常年在外奔波，因为据他们说，单是一个来回，他们就要花八个多月。无论是他们的长相还是衣服，都没有让我觉得特别突出。我不太相信在下诺夫哥罗德的某些人的真诚，但鞑靼人、波斯人、吉尔吉斯人和卡尔梅克人足以满足好奇心的要求。

最后提到的那两种野蛮人，从他们荒僻的草原带来几群矮小的野马，准备在集市上出售。这些动物在身体和精神方面都有很多优点，但由于体格，它们不太受欢迎。不过，它们非常适合骑乘，而且它们的品格使其得到尊重。可怜的东西！它们比许多人的心肠都好。它们彼此热爱，任何时候都不愿分开。只要还待在一起，它们就忘掉了流亡和奴役，似乎以为是在自己家乡。当一个被卖掉了，那就不得不把它剔出来，用绳子强行拉出围栏，它的兄弟们还被关在里面。在这个充满暴力的过程中，它一刻不停地企图逃脱或反抗，而且发出凄厉的嘶鸣。我从来没有看到过我们自己国家的马表现得那么敏感。我很少有像昨天那样受到震动，看到这些可怜的动物被人从自由的荒原抢走，并强迫它们与挚爱的兄弟分开。也许有人会用吉尔贝[1]的诗句反驳我：

1　尼古拉—约瑟夫—洛朗·吉尔贝（Nicolas-Joseph-Laurent Gilbert，1750—1780），法国诗人。

一只痛苦的蝴蝶使她流下眼泪。

但我不会在乎受到嘲笑，因为，假如读者看到过这些残忍的交易，他肯定会和我一样感到同情。罪行在被法律确认为罪行之后，便在现世受到审判，但是，得到许可的残忍行为只会受到善良的人们对于受害者的同情的惩罚，而我还希望，它会受到神之公平的惩罚。正是这种得到容忍的野蛮行为让我感到很遗憾，遗憾自己的口才有限：假如我是一个卢梭或斯特恩[1]那样的人，就会知道如何让读者为这些可怜的吉尔吉斯马的命运哭泣。这些马在欧洲注定了要供与它们一样被奴役的人们骑乘，但那些人的状况并不总是应该得到与这种被奴役的畜生一样多的同情。

向晚时分，平原变得十分壮观。地平线蒙上了薄雾，薄雾后来又变成露珠，洒在下诺夫哥罗德的尘土上。下诺夫哥罗德的尘土是一种褐色的细沙，它的反射把天空映成了淡红色。在集市周围的营地里，无数奇异的灯光穿透了沉沉暮霭。每一样东西都有声音。微风从远处的森林里，从人们居住的河流的怀抱中，把生命的声音传给倾听的耳朵。人类多么壮观的聚会啊！语言和习惯的差异那么大，而情感和观念又是那么一致！这个大聚会的目的，以

1 劳伦斯·斯特恩（1713—1768），英国感伤主义小说家。

及参加聚会的每一个人的目的，不过是挣一点钱。在其他地方，人们用欢乐来掩盖他们的贪欲，而在这里，交往是赤裸裸的，商人毫无趣味的贪欲战胜了无所事事之人的轻浮。没有东西是带有诗意的，一切都是为了钱。我说得不对……因为在这个国家，一切事物实质上都是恐惧与悲痛之诗。但是，哪里有声音敢把它表达出来？不过，有几幅画面倒是可以安慰一下想象力并让人耳目一新。

在连接商人的各个营地的道路上，可以看到一些奇怪的交通工具，排成长长的纵列。那种交通工具是一对对装在轴上的车轮，如果把它们与其他车轮连接起来，就可以变成一辆四轮或六轮的马车，用来装载搭建集市上某些临时建筑用的桁条和杆子。它们回来时就那样拆开，用一匹马拉着，并由人直直地站在轴上控制方向。他们一边以粗犷而优美的姿势，让自己保持平衡，一边以我只有在俄国才能见到的敏捷的身手，控制着几近散架的座驾。他们让我想起了拜占庭竞技场上战车的驭手，他们的衬衫成了真正古代的希腊长袍。就像俄国的农妇是世上唯一把衣服的腰身放在胸部以上的女人，他们的男性亲属也是我所见过的唯一把衬衫穿在马裤外面的男人。

夜里在集市周围闲逛的时候，小吃摊、小剧院、酒馆还有咖啡屋的灯火辉煌吸引了我。但是，从那么多的灯光那里，除了隐隐约约的窃窃私语，听不到其他声音。场所的明亮与民众的沉默所形成的对照，让人想到了魔法。我会以为这些人被巫师的魔杖碰过了。亚洲人哪怕是在娱乐的时候也仍然不苟言笑，而俄国人是亚洲人，受过训练，但还没有变得文明。

他们民间的歌曲我总是听不够。在一个依靠共同的利益，把上百个被语言和宗教分隔开来的团体吸引到一起的地方，音乐的价值倍增。在语言只能把人分开的时候，他们通过唱歌相互理解。音乐是谬见的解毒剂。正因为如此，这种艺术在欧洲才变得越来越时尚。在伏尔加河流域农民演唱的歌曲中，有着不同寻常的复杂性，使得和声的效果越来越强烈。那种效果虽然粗糙，或者，也许正因为粗糙，如果是在教堂或者剧院里，我们应该认为它们是科学的。这些曲调并不动听，但是，在远处，众多嗓音在合唱中互相中和，尤其是不约而同地流露出的忧伤的情绪，给我们西方人留下了新奇而深刻的印象。歌声中悲伤的色彩并未因背景的装饰而减弱。画面一边是密密麻麻的桅杆，而在另一边，则是荒凉的、消失在冷杉林中的平原。渐渐地，可以看到灯光越来越稀疏，最后就熄灭了。昏暗的夜色让这些灰白色的地区越发显得处于永恒的寂静中，并给灵魂带来新的惊奇。夜晚是惊讶之母。刚刚还在给这片荒原带来生气的所有那些景象都被抹掉了；生命的运动过后就是模糊的记忆，而旅行者发现自己独自与俄国的警察在一起，他们使得黑暗加倍地可怕。旅行者恍若梦中，回到寄宿处，心头充满诗意，更确切地说，充满模糊的恐惧和悲伤的预感。在俄国旅行的时候，一刻也不可能忘记，这个国家的人是东方人，他们在从前迁移的时候迷失了道路，他们的首领错把一个生来就生活在阳光下的民族领向了北方。

第三十四封信

下诺夫哥罗德，8 月 25 日

金融现象·皇帝的金融改革·下诺夫哥罗德省长为使商人就范而采取的办法·他们在名义上的服从·分析他们的动机·下诺夫哥罗德的改观·农奴和地主·下诺夫哥罗德省长对专制管理的解释·当局的宽容·与省长一起乘车·下诺夫哥罗德集市商品的价值·对新派法国人的刻画·令人愉快的邂逅·省长家的晚宴·举止奇特的英国人·波兰女士讲述的趣闻·举止从容的用处·与省长一起游览·官僚主义·作者的宪兵·米宁的旗帜·政府不守信用·现代的野蛮破坏文物的行为·彼得大帝·法国人的性格·各民族真正的荣耀·下诺夫哥罗德的克里姆林宫·省长的营地·士兵们的歌声·斯特罗加诺夫教堂·俄国的轻歌舞剧

就在今年的集市开市之前，省长把当时聚集在下诺夫哥罗德的俄国商业巨头们召到身边，当面详细讲述了帝国币制的种种弊端，也就是人们早就认识并批评过的那些弊端。

读者知道，俄国有两种具有代表性的商品符号，纸币和银币，但你也许不知道，后者因为某种我相信是金融史上独一无二的特点，价值一直在波动，而前者的价值却固定不变。只有对该国的政治经济状况进行深入的研究，才能解释由此导致的另一件怪事，那就是在俄国，硬币代表纸币，虽说后者只是为了代表前者才产生并合法存在的。

在向听众解释了这一反常现象并阐述了由此产生的种种恶果之后，省长接着又说，皇帝一直牵挂着自己的臣民和帝国的秩序，终于决心结束这种混乱的局面，因为，如果任由其发展，那将对俄国国内的商业造成严重的危害。唯一有效的补救措施，就是明确地、毫不动摇地固定铸币的价值。皇帝的敕令一天就完成了这场革命，至少在言语所能做到的范围内。但是，为了实现改革，省长在他长篇大论的最后宣布说，立即执行皇上的谕旨正是陛下的意志。他还说，管理部门的高级官员——尤其是他这个下诺夫哥罗德的省长——希望，决不要把个人利益放在比立即服从皇帝头脑中的最高意志还重要的位置。

对于这个严肃的问题，诚实的人们商量之后回答说，措施本身虽然是好的，但如果把它用于已经达成的交易和协议——其条款又必须在实际开市的时候执行——那就会毁掉最为稳妥的商机。他们一边继续赞美皇帝的深谋远虑，一边谦卑地向省长抗议说：商人当中按照老的兑换率以固定价格销售商品的那些人，比如说他们，做生意靠的是纸币与银卢布继续保持上个集市那样的关系；如果执行新的做法，那他们将不得不支付一些即便是得到法律的授权也同样带有欺诈性质的款项，因为那些款项会剥夺他们正当的利润，并有可能让他们破产，如果允许现在的敕令溯及既往的话；那样就会有很多小的破产事件，到头来，其他人肯定也会跟着倒霉。

省长用俄国行政、金融和政治讨论中流行的那种徐缓而平静的语气回答说，他完全理解关心集市生意的大商人们的看法，但这些绅士担心的不良后果毕竟只威胁到少数人，后者作为抵押品，将会受到现存的针对破产者的法律的严厉处罚；而另一方面，如果拖延不办，看起来总归像是抵制；作为帝国最重要的商业中心，如果成为这样的榜样，那会招来麻烦，对于国家的伤害要比几起只影响到少数人的破产事件大得多；因为这些一直得到政府信任的人，如果说赞成不服从并为不服从辩护，那就等于反对君主的尊严，反对俄国行政及金融的统一，换句话说，反对与帝国生死攸关的原则。出于这些不容置辩的考虑，他接着又说，他认为那些绅士肯定会抓紧执行，以免受到可怕的指责，说他们为了个人利益而牺牲国家利益。

这次和平会议的结果是，第二天集市开市，采取的是新谕旨溯及既往的制度。皇上的谕旨是在用那样的方式得到帝国大商人的同意和承诺后庄严公布的。

这是省长亲口对我说的，目的是向我证明，受到自由制度下的人们大肆诽谤的专制政府机器，运转的方式是温和的。

我冒昧地问我在东方政治方面热心而有趣的导师，政府的措施以及断定实行它是正确的那种漫不经心的态度，结果如何。

"结果超出我的预期，"省长带着满意的神情回答说，"没有一个破产的！……所有新的交易都是在新的币制下达成的，但是，会让您感到意外的是这样的事实，即没有哪个债务人在支付旧账的时候，会利用法律赋予他的权力欺骗债权人。"

坦率地说，乍一看，这结果很让人吃惊，但转念一想，我就明白了俄国人的精明。法律颁布了，纸面上它也执行了，而这对于政府来说就够了。我承认，它很容易满足，因为它需要的主要是沉默，不管代价如何。俄国的政治状况可以归结为一句话：那是一个唯独政府有权利说话，所以它想说什么就说什么的国家。因此，拿我们面前的例子来说，政府说的就是法律，就要遵守。尽管如此，利益相关方的彼此一致，还是宣告这一法律适用于旧债的那部分极不公平的内容不起作用。在执政权力有耐心的国家，它不会让诚实的人被窃贼夺走其应得的收益，因为在司法上，法律只能规定未来。实际上，撇开理论不谈，这里的结果就是如此；可为了得到它，臣民的理智和好的管理就必须反对当局盲目的冲动；要不然，最高权力的这些突发奇想就会给国家带来灾难。

在所有建立在夸张的理论基础上的政府中，都存在隐蔽的作用力，存在事实上的影响力，它与所采纳的言过其实的教义几乎永远是相反的。俄国人具有高度的商业精神，这就解释了集市的商人何以会认识到，真正的生意人只能靠实干，靠私下里有能力做事才会发达起来，而凡是牺牲信誉的事情，对他来说都是百分之百的损失。这还不是全部。另外还有一种力量制止了欺诈，并让人打消了盲目贪财的念头。破产者可能感受到的诱惑，单是因为恐惧就忍住了，因为恐惧才是俄国真正的君主。在这种情况下，动了坏心思的人就会想到，假如他们卷进官司，或者哪怕是受到名声过于难听的谴责，法官或警方就会把矛头转向他们，而且在这样的情况下，这里所谓的法律执行起来会非常严厉。他们害怕被关起来，害怕在监狱里挨打，或许还有更坏的事情！这些动机在普遍的沉默中的影响是加倍的，而普遍的沉默是俄国的常态。出于这些动机，他们树立了这个诚信的好榜样，下诺夫哥罗德省长很乐意拿它来引起我的惊叹。假如说我感到惊叹，那也只持续了很短的时间，因为我很快就意识到，如果说俄国商人彼此间没有把对方搞得倾家荡产，那他们的互相克制与拉多加湖上的船夫，以及彼得堡的马车夫和搬运工的互相克制，原因完全一样。他们控制住自己的愤怒，不是因为人道，而是害怕最高权威干预他们的事务。在我沉默不语的时候，看得出来，布图尔林先生很享受我的惊讶。

"没有人懂得皇帝有多么优越，"他继续说道，"除非他们见过这位君主是怎么处理公务的，特别是在下诺夫哥罗德，他在这里创造了奇迹。"

我回答说，我非常钦佩皇帝的远见卓识。

"当我们一起参观陛下指导的工程，"省长答道，"您会更加钦佩他。您会看到，由于他的魄力和他正确的看法，在我们当中，币制革命就像用魔法运转的一样，而要是在别的国家，那需要极为小心。"

省长像廷臣一样非常谦虚，只字不提自己管理得好。他同样也没让我有机会提到，毒舌们暗地里一再对我说到的事情，即恰恰是俄国政府刚刚采取的这类金融措施，给了上级管理部门谋利的手段，而上级管理部门也十分清楚如何利用这种手段。但是，在专制统治下，没人敢公开抗议这种做法。我不清楚这次用了什么秘密的花招；不过，为了弄明白，我就设想，有人把相当多的一笔钱作为定金交给另一个人。收了定金的人如果有权将这笔钱中的每一个子儿的价值都增加三倍，很显然，他就可以退还定金，同时还能将原来作为定金给他的那笔钱的总额的三分之二留下来。我不是说皇帝规定的举措实际的结果就是如此，但我认为这种假设——其他很多人也这么想——让我明白了不满者含蓄的批评，或者，如果你愿意，也可以说诽谤。其实他们还说：这次突然采取的行动，是要用法令剥夺纸币的一部分老的价值，以便相应地增加银卢布的价值；行动得到的收益，则准备用来补偿之前不得不从君主的私人金库里拿出来重建冬宫的那些钱；当时是说由他自己出资，为此还摆出令欧洲和俄国大为赞赏的高尚的样子，拒绝了一些城市以及许多私人、大商人和其他为了重建帝国首脑居住的国家建筑而争先恐后地捐款的人主动提供的帮助。

根据我认为自己有责任提供的有关这种专横的庸医行径的细节，读者可以自行评判言说在这里的价值，以及最高贵的情感和最漂亮的说辞的真正价值；还可以自行评判给慷慨的心灵和独立的精神强加的限制。慷慨的心灵和独立的精神被迫生活在靠牺牲真理来换取和平和秩序的体制下，而真理乃是上天赐予人类最神圣的礼物。在其他社会，甩鞭子的是人民，而套上拖耙的是政府；在这里，急速向前的是政府，而犹豫退缩的则是人民。因为，假如说政治机器在任何情况下都要协调一致，那保守主义精神就必须存在于它的某个部件中。我在这里提到的观念置换是一种政治现象，这种现象我只在俄国见过。在绝对专制下，革命的正是政府，因为革命这个词意味着专横和暴力。

省长兑现了他的承诺。他带我参观并仔细检查了皇帝为了尽可能把下诺夫哥罗德建设好，以及为了纠正其创建者的错误而下令兴建的工程。奥卡河的岸上出现了一条非常漂亮的道路，通往高处的下诺夫哥罗德城。悬崖填了，阶地修了，山的怀抱中甚至开了几个壮观的缺口，用那里巨大的基础结构支撑着广场、街道和大建筑；桥也建了；所有这些与重要的商业城市相配套的工程，很快会把下诺夫哥罗德变成帝国最美丽的城市之一。由于陛下已经将其置于他的特别保护之下，每当这些工程的施工出现一点小困难，或者每当老房子的表面需要修缮，或者需要修建新房子的时候，省长就会接到命令，要求让人拟定特别计划，并把它的采纳问题呈交给皇帝。俄国人惊呼，多好的人哪！……如果我敢说话，我就大喊，多么奇怪的国家！

布图尔林先生的殷勤和友好让我感激不尽。他在路上就俄国的管理体制，以及农民状况的改善——风俗的进步让它每天都在发生——给了我一些有趣的解释。

农奴现在甚至可以以自己地主的名义成为土地的所有

人，而地主不敢违背把他与自己的富裕农奴紧紧地联系在一起的道义上的保证。剥夺这个人劳动和经营的果实就是滥用权力，而在尼古拉皇帝的统治下，这种事就连最专横的波雅尔也不敢去做。不过，谁能向我保证，如果是在其他君主的统治下，他不会那么做？即使公平恢复了——这是如今的君主治下值得称道的特色——谁又能向我保证绝没有贪心的地主，他们不敢公开地抢劫奴隶，却懂得如何软硬兼施，一点一点地榨取农奴手中他们不敢一下子夺走的一部分财富？很难相信主奴之间的这种关系能够长久地存在下去，然而，造成这种奇特的社会现象的制度却很稳定。

在俄国，没有东西可以说得清楚。从理论上讲，所有事情的确就像说的一样；但是，在这样一种制度下，假如都按照说的去做，那生活就没法过了。实际上例外的情况很多，多得我们要说，如此矛盾的风俗习惯所引起的混乱，肯定会让任何管理方式都难以实行。

要对俄国的社会状态有个正确的认识，那就必须想办法解决表里不一的问题，也就是说，找到原则与应用、理论与实际相一致的地方。

假如我们相信那位优秀的下诺夫哥罗德省长的话，事情就再简单不过了。行使权力的习惯使得发号施令的形式十分温和。愤怒、虐待、滥用权威的现象之所以很少见到，恰恰是因为社会秩序是以极为严苛的法律为基础的。所有人都觉得，假如没有这样的法律，国家就会被推翻，而为了维护法律的尊严，就不应该频繁地或轻率地把法律付诸实施。必须近距离地观察专制政府的表现，才能理解它所有的温和性（现在说话的是下诺夫哥罗德的省长）：如果说在俄国，管理部门还保留了武力，那是因为使用武力的人的节制。贵族因为特权不明确而比较容易滥用权力，民众则因为服从没有道义感、没有崇高的性质而比较愿意误解自己的责任。发号施令的人始终夹在他们中间，只能靠尽可能少地使用暴力手段来维护君主的威信。这些手段会暴露出政府有多大的实力；所以，政府认为，比较明智的做法是隐瞒而不是显示自身的资源。如果有贵族做了该受斥责的事情，那在进行正式的劝诫之前，会由省长对他暗中警告几次。如果警告和训斥不起作用，贵族法庭就会威胁说要把他置于监护之下，而如果这还不起作用，威胁就会变成实际的行动。

所有这些繁复的措施在我看来对农奴并没有太多的安慰。在他的主人像那样受到谨慎的警告和正式的劝诫，被迫交代其不义行为或暴行之前，在他的棍棒下，即便农奴有一百条命，也早死了一百回。随后，地主、省长和法官的确全都会被送去西伯利亚，但是，这只是让贫苦农民在想象中得到的安慰，不是真正的保护，让他们不会受到专横跋扈的下级管理机构的迫害。下级管理机构总是习惯于滥用权力。

普通人在私人之间产生争端时很少打官司。这种明智的本能在我看来，显然是说，在法官那里缺少公正。很少打官司可能有两个原因——臣民身上正义的精神或法官身上不正义的精神。在俄国，几乎所有的程序都被行政决定扼杀了，后者常常做出让诉讼双方都难以承受的安排，所以诉讼双方宁可牺牲部分要求，甚至是他们最合理的权利，也不会冒险违反由皇帝授予权力之人的建议。俄国人之所以有理由吹嘘他们国家打官司的人很少，原因就在这里。无论在哪里，恐惧造成的结果都一样，那就是没有安宁的和平。

对于迷失在一个事实和言说同样不足为信的国家中的旅行者，难道读者不感到有点同情吗？俄国人的谎言给我的影响适得其反。我从一开始就看出他们想要蒙蔽我，因而很警惕，结果不知不觉地就成了不友好的观察家；如果不是他们徒劳的吹嘘，我本来会成为不偏不倚的旁观者。

省长还很高兴地领我看了集市。但这次我们坐着马车一路上走得很快。我欣赏了一个景点，从那里可以看到全景。为了欣赏到壮观的画面，我们登上一座中式楼阁的楼顶，俯瞰为期一个月的整个商城。对于一年一度堆积在这块土地上的巨大财富，我从那里得到的印象尤其深刻——这块土地作为工业中心更为引人注目，因为在无论是对于眼睛还是想象力来说都无边无际的荒原中，它可以说是消失了。

省长告诉我，根据商人自己公布的数据，今年运到下诺夫哥罗德集市的商品价值超过一亿五千万[1]，而那些人抱着东方人天生的多疑心理，总是瞒报一部分货物的价值。

尽管世界各国都给下诺夫哥罗德送来它们土地和工业的贡品，但这个一年一度的市场最重要的地方仍然在于，它是亚洲的粮食、宝石、原料和毛皮的集散地。鞑靼人、波斯人和布哈拉人的财富，最能激发被集市的名声吸引过来的外邦人的想象力。尽管它在商业上很重要，但我，只是作为一个好奇的观察家，觉得它盛名之下其实难副。他们对此的回应是，亚历山大皇帝破坏了它别致而有趣的外观。他把分隔货摊的街道变得更宽敞、更整齐了，但这种死板的布局很乏味。此外，在俄国，一切都是阴郁的、无声的；政府与民众之间的互相猜疑到处都驱散了欢乐。所有的激情和欢乐都必须为其后果对某个严厉的、扮成警方密探的告解神父负责。所有俄国人都是有可能受到体罚的

1　货币单位不详。

学童。全俄国就是一所巨大的学校，那里的纪律是靠严格而刻板的规定推行的，直到约束和无聊变得难以承受，从而到处引起暴动。当这种暴动发生的时候，它是寻常的政治狂欢。但是，再说一遍，暴力行为是孤立的，不会打搅总体的平静。那种平静越稳定，就越显得牢固，因为它就像死亡，而只有活的东西才可以被消灭。在俄国，人们把对于专制制度的尊重与永恒的观念混为一谈。

在下诺夫哥罗德，我发现有几个法国人聚在一起。尽管我热爱法国，热爱在我对其居民放肆的言行感到苦恼时经常离开，而且还发誓再也不回去却又总是回去，并希望在那里终老的那片土地；尽管怀有这种盲目的爱国心，可从最早在外国的土地上旅行并碰到一群同胞以来，我常常觉得年轻的法国人不懂礼貌，常常惊讶地发现，我们身上的缺点在外国人当中表现得很突出。如果我只是说年轻人，那是因为在他们的年纪，心灵的印记被人生的磨难磨掉得还比较少，性格还比较外露。还有，必须承认，我们年轻的同胞被人嘲笑是自找的，因为他们真心以为能让其他民族那些纯朴的人们为其倾倒。法国人的优越性是他们的立身之本。在他们眼里，那种优越性是公认的，无需证明的。这种对于他们自己个人优点的坚定的信念，这种自恋，显得完全心安理得，以至于正是由于自信而变得胸无城府，即便如此轻信一般不会受到令人不安的对于妄自尊大的嘲笑和讥讽；这种大多缺少想象力的知识，把理智变成了事实与年代的仓库，它们或多或少都作了适当的分类，但引用时总是干巴巴的，使真理丧失了自身的价值，因为，如果没有热情，人就不可能是真诚的，而只能是精确的；这种为了从中得到好处而一直留意谈话先锋的做法，这种虚荣，这种对于他人表达或未表达的想法的侦测；这种对于他人的疏忽，因为没有意识到吹捧自己就是贬低他人因而在无意中羞辱了他们；这种粗心大意，只会让上升为爱国义务的仇恨心理变得更加敏感，只会让人更容易讨厌他人的某些偏好，或者更容易讨厌某些纠正的措施，而不管已知的教训多么有用；总之，所有这种起着保护愚行、抵制真理作用的迷恋，再加上其他许多特点——我的有些读者对此可以说得比我还详细——在我看来，成了如今十岁以上的——因为那是他们在这个时代成人的年纪——年轻法国人的特征。

这些人损害了我们在外国人中的地位。他们在巴黎几乎没有影响。因为在巴黎，这种典型的不懂礼貌的人太多了，根本不会引起注意。他们在那里消失在和他们一样的人群中，就像乐队中乐器的声音互相盖过一样。但是，一旦把他们单独放在嗜好和思维习惯都与法国不同的社会当中，他们展示自己的方式就会让像我一样热爱祖国的旅行家感到绝望。因此，可以想象，当我在这里，在省长的晚宴上发现某某先生时那种快乐的心情。某某先生是现在活着的人们当中，最能让外国人对年轻的法国产生好感的人。事实上，从他的家庭来看，他属于旧法国。正是由于新思想与老传统的结合，才让他与众不同，举止优雅，看法公正。他看问题很透彻，对于自己看到的东西描述得也很清楚。与其他人相比，他考虑自己并不多，或许还要少一点；所以，离席之后，他讲述了他来到俄国之后，所有平日学到的东西，这让我深受启发，同时也非常开心。他在彼得堡被一个卖弄风情的女人骗过，他为自己的错误安慰自己的方式是，加倍用心地研究这个国度。他思维清晰，观察细致，表述准确，而这并没有妨碍他倾听别人，甚至也没有妨碍他激发别人谈话的愿望——这让人想起了法国社交的鼎盛期。与他交谈的时候，我们陷入了一种错觉。我们以为交谈永远是思想的交流，以为在我们当中高雅的社交依然基于相互愉悦的关系。总之，我们忘记了残酷的、赤裸裸的利己主义对我们现代沙龙的入侵，以为社交生活就像从前一样，是对大家都有好处的交往——这种过时的错误，稍一思考就消失了，就能让我们意识到令人沮丧的现实，意识到对思想和妙语的掠夺，意识到文学的背叛，总之就是意识到自从和平以来，已经成为上流社会唯一公认的准则的战争法则。这就是在倾听某某先生令人愉快的谈话时，以及在与同时代人的谈话进行对比时，我挥之不去的阴郁的记忆。关于谈话，可以比较公正地说，同著述的风格相比，它就是个人本身。著述可以事先做好准备，但妙趣横生的应答不可以。如果想要事先准备好，无论如何都会得不偿失，因为在轻松随意的谈话中，装腔作势不再是一种掩饰，而是一种信号。

昨天参加省长晚宴的都是些奇怪而且相反的人。除了我刚才说到的年轻的某某先生，另外还有个法国人，可以叫他 R 医生。我听说他曾经坐着政府的船到北极考察，却不知何故在拉普兰上了岸，并直接从阿尔汉格尔斯克去了下诺夫哥罗德，甚至没有经过彼得堡。这是一趟毫无价值却又令人疲惫的旅程，只有具备我在这位旅行家身上看到的铁一般体格的人才能撑得住。人们向我保证，他是一个有学问的博物学家。他的面容与众不同，有着某种引人遐想的淡定而神秘的东西。至于他的交谈，我希望在法国会听到，因为在俄国他什么也不说。俄国人很巧妙，他们不停地说着什么，尽管那些话实际上往往与希望从他们那里听到的相反，却足以防止他们的沉默引起人们的注意。在这次晚宴上，也有一家地位显赫、年轻而时髦的英国人。

自从我到了俄国，我就一直像跟踪一样跟在他们后面，到处都遇到他们，既没有办法摆脱，又碰不到机会直接结识他们。所有这些人都坐在省长的桌旁，另外还有一些职员，以及当地的其他一些人，他们只在吃东西的时候才开口。不用说，在这样一个圈子中，通常的交谈是不可能的。在俄国的社交界，除非是因为修养，否则女性绝不会变得自然。她们的语言是通过努力习得的，是书本的语言，而要去掉书卷气，对于世事的阅历必不可少。省长的妻子显得过于乡气、过于本色、过于像俄国人和过于自然，总之，就像家庭妇女一样朴实。而且，她几乎不会讲法语。昨天她在客厅里，唯一能做的就是用最值得称道的礼貌，努力地招待好她的客人，但她并没有让他们感到自在或者让他们轻松地交流。所以，在离座之后，我非常满意能与某某先生两个人在角落里密谈。就在省长的客人们都准备离开，我们的交谈也快结束的时候，年轻的某某阁下——他认识我的同胞——向某某先生走来，摆出很讲礼节的样子，请他给我们相互介绍。某某阁下在这样主动示好的时候，表现了他那个国家的礼貌。那种礼貌虽然算不上优雅，或者正因为算不上优雅，却绝非没有几分类似于拘谨和冷漠的高贵。

"我一直渴望能有机会认识您，阁下，"我说，"感谢您给了我这个机会。我想，今年我们是注定了经常相遇；我希望从今往后我的运气会更好。"

"我很抱歉要离开您，"那个英国人答道，"但我马上就出发了。"

"我们在莫斯科还会见面吗？"

"不会了，我准备去波兰，我的马车就在门口，我要一直坐到维尔诺。"

我差点儿笑出声来，这时，我在某某先生的脸上看出他的想法和我一样：既然在宫廷，在彼得霍夫，在莫斯科，总之，在所有我们遇到而没有说过话的地方，彼此互不相识已经过了三个月，这位年轻的贵族着实没有必要用这种正式的介绍来给三个人添麻烦，这无论是对他还是对我，都毫无意义。在我们看来，一起参加了晚宴之后，如果他是想和我们聊一会儿，显然没有任何东西会妨碍他加入我们的谈话。这个刻板而拘谨的英国人，用他勉强的、烦人的并且是多余的礼貌，让我们不知所以；与此同时，他自己好像既对与我结识感到满意，同样也对没有利用这种优势——如果它是优势——感到满意。

这种笨拙的举动让我想到另外一次，它的对象是位波兰女士。

事情发生在伦敦，是那位风趣迷人的女士亲口告诉我的。她交谈时的风度以及她扎实精深的修养，让她在上流社会的圈子里很受欢迎，尽管她的祖国和她的家族多灾多难。我说尽管，因为不管是说什么或想什么，在社交界，哪怕是最好的社交界，不幸几乎都得不到同情，相反，它还会在很大程度上妨碍人们接受这个人的其他优点。不过，它并没有妨碍我说的那个女性被认为是当今伦敦和巴黎最杰出、最可爱的人。曾经有人邀请她参加一个大型的仪式性的宴会，并把她安排在男主人与一位陌生人之间。她很快就感到厌倦了，可还得坚持很长时间，因为在英国，宴会已经渐渐地不再拖得很长，可还是比别的地方时间长。既来之则安之，那位女士试图换个交谈对象。于是，每当主人允许她有片刻的时间缓解痛苦，她就转向右手边的邻座，可她遇到的总是一张石板一样的脸。尽管她既有贵妇人的潇洒，又有风趣女性的活泼，如此无动于衷还是令她非常尴尬。晚宴就在这种令人扫兴的气氛中过去了。随之而来的是情绪低落的沉默。就像士兵必须穿着制服一样，英国人也必须板着脸。当天晚些时候，当男人们再次与客厅里的女性在一起的时候，那位把这件事告诉我的女士又看到了她的邻座，即那个在餐桌上冷冰冰的男人；后者就在冒险开口之前，赶紧找到客厅另一端的主人，郑重其事地请他把他介绍给那位有教养而又可爱的外国人。这些必不可少的礼节全都一丝不苟地完成之后，那位局促不安的邻座终于说话了。他深吸一口气，一边鞠躬一边说："我一直特别渴望认识您，夫人。"

说到这种渴望让那位女士心里想要发笑，不过，以她对世事的了解，她克服了那样的冲动。最后她发现，这个过分讲究礼节的人是个消息灵通甚至还很有趣的人。在骄傲让大多数男人变得羞怯而矜持的国家，惯例毫无意义。

这就证明了潇洒自如的举止和轻松愉快的交谈，总之，真正的优雅——它在于让我们遇到的每一个人都和我们自己一样没有拘束——在上层社会中远远不是某些只根据道听途说来评判世界的人说的毫无意义、毫无价值的东西，而是有用的，甚至必不可少的。在上层社会，要么是事务要么是快乐，不断地让以前从未谋面的人们走到一起。如果说为了结识新面孔，永远必须像在波兰女士和我自己碰到的情况中要求的那样，在我们能有权利与英国人说上话之前，慢吞吞地、耐心地前进，那我们就会显得像是公开声明放弃对象，从而失去很多能让我们得到教益和感到开心的宝贵的机会。

对于省长的热心和善意，我永远也不会厌烦。今天一大早，他就带我去看老城的宝贝。他的几个仆人陪着他，这样我就不需要再次考验我的宪兵是否听话了，而他的要求是连省长都尊重的。

在俄国有一个阶级，相当于我们的市民阶级，尽管它既没有源自独立地位的坚定的性格，也没有从思想自由和心灵修养中得到的经验。这就是下层职员或者说小贵族阶级。这些人的思想普遍倾向于革新，而他们的行为是专制制度下最专横跋扈的。事实上，虽然有皇帝，但这个阶级才是统治帝国的阶级。他们自命为民众的启蒙者，结果他们的自命不凡同时招来了大人物和小人物的厌恶和鄙视。他们没有礼貌是出了名的。不管是谁，凡是需要利用这些小贵族的——他们刚刚凭借其公职和在官阶表中的级别有幸上升为地产的所有者——都会用无情的嘲笑报复他们的自负。这些人一层一级地往上爬，终于凭着某个十字架或某件差使跻身于可以占有土地和同胞的阶级。他们行使地主的权利，并因为手段严苛而受到不幸的农民的憎恨。在专制的政府制度中，这种带有自由主义倾向并且变化无常的群体是多么奇怪的社会现象啊！它在这里使得这种制度越发不堪忍受。"如果只有从前的地主，"农民说，"那我们不会抱怨自己的状况。"这些受到自己为数较少的农奴如此憎恨的新人，不但是最高主人的主人，同样还是准备在俄国发动革命的人——首先是靠他们思想的直接影响，其次是靠他们在民众当中激起的仇恨和鄙视的间接影响。

君主专制暴政下的共和主义暴政！两种灾难多么奇特的联合啊！

这些都是不信任旧贵族的历代皇帝自己制造的敌人。一个长期扎根于这片土地，但因为风俗的进步和习惯的改良而变得温和的公开宣布的贵族集团，要比一大堆委员和代表的虚伪的服从以及破坏性的影响更适合成为文明的工具。那些委员和代表大多具有外国血统，而且全都在内心深处或多或少接受了革命观念，不但在言行上充满奴性，思想上也傲慢无礼。

我的向导不愿履行他的职责，因为他很快就可以获得这个等级的贵族的特权。他是其本性与特征的极具喜剧色彩的典型。我希望我能描绘出他那细长的身材、经过仔细整理的衣着以及轮廓分明、瘦削、干瘪、无情而又谦卑的面容——在有权变得傲慢之前会一直保持谦卑的面容，总之，这是一个典型的自负的傻瓜。在他的国家，自负不像对于我们那样没有害处。因为在俄国，它只要与奴性结合起来，的的确确是一种向上爬的手段。但这人就像滑溜得难觅踪迹的蜷蛇一样，很难用语言去描绘他。在我的眼里，他同时代表了两种表面上截然相反、实质却非常相似，而且一旦结合起来又非常可憎的政治力量——专制与革命！每当我注意到他长着近乎白色的睫毛的暗蓝色眼睛，他如果不是因为红褐色的太阳光线和内心总是被压抑的怒火的频繁影响就会很细腻的皮肤，他苍白的、薄薄的嘴唇，他声调和措辞完全相反的冷淡然而彬彬有礼的语言，心里就会想到他是一个担任保卫工作的密探，一个就连下诺夫哥罗德省长也要尊重的密探，于是就会有一种冲动，想要叫来驿马，一口气跑出俄国。

位高权重的下诺夫哥罗德省长不敢命令这位野心勃勃的向导坐到我马车的驭者座，因此，尽管他身为最高权力的代表，却只能要我忍耐。

自从法国入侵以来，有关农民英雄米宁的纪念活动就变得特别流行，而那位俄国解放者就葬在下诺夫哥罗德。在大教堂里可以看到他的墓寝，和那些大公葬在一起。

从前，帝国被波兰人占领的时候，正是在这座城市，第一次响起了解放的呐喊。

当时不过是一个农奴的米宁，求见俄国的贵族波扎尔斯基。这位农民的语言流露出热情和希望。波扎尔斯基在其质朴但神圣的雄辩的激励下，召集了一些手下。这些英雄勇敢的行动把其他人也吸引到他们的旗帜下。他们向莫斯科进军，从而解放了俄国。

波兰人撤退以后，波扎尔斯基和米宁的旗帜就成了俄国人崇奉的对象。居住在雅罗斯拉夫尔和下诺夫哥罗德之间的一个村里的农民，把它当作国家的圣物保存。但是，在1812年战争期间，人们感到必须激发士兵的热情。相关的历史，尤其是那些与米宁相关的历史又被挖掘出来。人们要求保管米宁旗帜的人把这个守护神借给他们祖国新的解放者，好在军队的前面打着它。这件国家珍宝的年老的守护者们只同意出于对祖国的热爱才把它贡献出来，并且是经过庄严的宣誓，胜利之后要把它还给他们，那时，新的胜利将会使它更加辉煌。就这样，在我们军队撤退的时候，米宁的旗帜一路跟在后面。但后来在把它带回莫斯科的时候，庄严的承诺却被扔到了一边：它没有还给它的合法所有人，而是被扣了下来，收藏在克里姆林宫的珍宝馆。同时，为了满足遭到抢劫的农民的正当诉求，又把那面神奇的旗帜复制了一面送给他们——一件复制品，强盗们用带有嘲弄意味的恩赐的态度，把它做得跟原来的那件一模一样。

这就是俄国政府在诚信方面给予民众的教训。在这个国家，历史的真实性也和誓言的神圣性一样得不到尊重：石头的可靠性就和言语或文字一样难以确定。每一位新君主在位的时候，都要依照他的意志对大建筑进行改建，没有哪幢大建筑还会留在其创建者指定的位置，就连坟墓也不能幸免于帝王暴风雨般的任性，就连死者也要屈从于活人统治者的奇思妙想。尼古拉皇帝现在正在莫斯科大兴土木，重建克里姆林宫。他不是第一次尝试这种事情。下诺夫哥罗德已经见识过他的影响。

今天上午进入大教堂的时候，这座里面有米宁墓的大建筑，其古老的样子给了我深刻的印象。当时我心想，它受人尊敬至少两百多年了；这个结论越发让我觉得，那里看上去令人敬畏。

省长把我领到英雄的墓寝。它就在下诺夫哥罗德古代君主的纪念物中间。尼古拉皇帝参观的时候，为了显示爱国精神，他甚至走入存放遗体的洞穴。

"这是我在你们国家见过的最美丽而有趣的教堂。"我对省长说。

"它是我建造的。"布图尔林先生回答说。

"怎么？……您的意思大概是说它是您修复的？"

"不。那座古教堂当时快塌了，所以皇帝觉得重建比维修好。仅仅两年前，它的位置还要再向前五十步，凸在外面，让我们克里姆林宫的内部看起来不太规则。"

"那米宁的遗骸呢？"我惊叫道。

"当时它和大公的那些一起被挖出来，现在都放在新墓里，您可以见到它的石碑。"

我如果回答，势必要让下诺夫哥罗德省长那样忠于职守的省长心里不痛快，所以就一声不吭，跟在他后面，来到广场上那座对着下诺夫哥罗德克里姆林宫巨大围墙的矮小的方尖碑那里。

我们在这里看到俄国人是怎么理解对死者和历史纪念物的尊敬的。皇帝明明知道古代的东西应该尊敬，但他希望把一座刚刚建成的教堂当作老的一样尊敬。为了做到这一点，他说它是老的，它就成了老的。米宁的新教堂就是古教堂。如果你对这话感到怀疑，那你就是煽动叛乱。

随便哪里看到的都是同样的制度，彼得大帝的制度，他的继承人使之永世长存的制度。那人相信并证明了莫斯科大公国沙皇的意志可以代替自然法则，代替艺术规则，代替真理、历史和人道，代替血缘和宗教的联系。如果俄国人仍然尊敬他，那是因为他们的虚荣蒙蔽了他们的判断力。"瞧，"他们说，"那位伟大的君主登基前俄国是什么样子，之后又是什么样子，所以看看一位天才的君主能做什么！"这是对于民族荣耀的不正确的理解方式。在世界上最文明的国家中，我看到有些国家的权力只是及于自己的臣民，即便是这些国家，数量也很少。这样的国家在世界政治中没有任何影响力。它们的政府有权得到全世界的感激，靠的不是征服的荣耀，也不是对外国利益集团施加的暴政；靠的是好的榜样、明智的法律和开明而仁慈的管理。有了这些优点，一个小的民族也可以成为世界之光，而不是征服者和压迫者，而这要好过上百倍。

看到最优秀、最有天赋的人们——不但在俄国，而且在所有国家，尤其是法国——对于这些如此朴素而又如此正确无疑的观念无动于衷，我感到无比悲伤。在我们当中，战争和征服仍然很有吸引力，尽管天上的神和作为人间的神的利益都给出过教训。不过，我仍然抱有希望，因为，尽管我们的哲学家偏离了正道，尽管我们言必称"我"，尽管我们有自我诽谤的习惯，但我们在本质上仍然是一个虔诚的民族。可以肯定，这绝不是自相矛盾；我们比世界上其他任何民族都更慷慨地献身于观念：基督教团体的诸多偶像难道不是观念吗？

不幸的是，我们在自己的选择中缺乏眼光和独立性。现在的偶像会成为明日鄙视的对象。我们没有把现在的偶像与值得我们做出所有牺牲的对象区分开来。我还是希望活得长一点，能够看到战争和蛮力那沾满血污的偶像，在我们当中被打得粉碎。当一个国家的人民把他们的勇气只是用在心甘情愿地为真理而献身，只是用在与虚伪和不义的斗争中流血的时候，以及当他们享有因为如此崇高的献身而带来的应有的声望的时候，这个国家永远足够强大和广阔。雅典只是人间的一粒微尘，然而却变成古代文明的太阳。在它处于全盛的同时，有多少因其众多人口和广袤疆域而显得十分强大的民族生存、战斗、征服、衰败并在最后毫无作用、毫无声息地死去！如果德国是在奉行征服政策的制度下，它会是什么样子？然而，虽然它四分五裂，虽然构成它的那些小国物力薄弱，但德国凭借它的诗人、思想家、学者、不同的政府形式、共和国以及君主——他们不是在权力方面，而是在精神文化、道德提升和远见卓识方面的竞争对手——在总体的文明程度上，至少与世界上大多数先进国家是一样的。

一个民族要赢得让人类感激的权利，靠的不是对身外世界的虎视眈眈，而是把力量转向自身，以便在精神和肉体双重意义的重生中，成为他们所能成为的人。这种功绩就像美德优于荣耀一样，也优于用刀剑所做的宣传。

所谓"一流强国"其实是政治领域一种陈腐的表达方式，它将在很长时间内继续给世界带来痛苦。自恋是人类心中最常见的原则。正是这个原因，将其学说建立在谦卑基础上的天主才是唯一的真神，这一点甚至可以当作一个明智的策略，因为只有他预见到无限的进步——完全理智的或内在的进步的道路。不过，世界对于他的话已经怀疑了一千八百年，但是，它们虽然是怀疑和议论的对象，却构成了世界的生命。如果人们全都真诚地相信它们，它们对于这个不知感恩的世界还有什么用呢？适用于各民族政体的道德规范，这就是未来的难题！欧洲，连同其古老的、彻底文明的人民，乃是宗教之光将会从那里照亮全世界的圣所。

下诺夫哥罗德克里姆林宫的厚厚的围墙，盘绕在一座小山的四周。小山比莫斯科的那座高得多，也陡得多。逐级抬高的围墙，阶地、拱廊以及这座堡垒的雉堞，给人的印象很深。但是，下诺夫哥罗德克里姆林宫位置虽美，可如果以为看到它的时候会像看到莫斯科克里姆林宫那样，惊讶得完全不知所措，那就会大失所望。莫斯科的克里姆林宫是一座宗教堡垒，历史在那里是写在石头上的。莫斯科的克里姆林宫无论是在俄国还是在全世界都绝无仅有。

这里我必须添加一个细节，之前我讲到那座要塞中沙皇们古老的宫殿时忘记说了。读者可能还记得，这座宫殿因为是一层层缩进去的，并且带有装饰浮雕和亚洲人的绘画，因而制造出印度宝塔的效果。宫殿里的家具又旧又破，于是，能工巧匠们被派去莫斯科，给每件家具都制作了一模一样的复制品，以便用"同样的"动产——尽管它们从头到脚都换成了新的——来装饰修复的宫殿。剩下来的真正的古家具就在莫斯科，在全世界的眼前被拍卖了，可是在这个把敬重君主权威当成宗教的国家，却没有一个人愿意挽救皇室的遗物，使之免遭最普通家具的命运。这里所谓保护古代的东西，就是给新的东西起一个古代的名字。

我们还参观了一座非常漂亮的修道院。修女们比较贫穷，但她们的房间很干净，很有教育意义。接着，省长带我去看了他的营地——对演习、检阅和露营的狂热人人都有。各省的省长和皇帝一样，喜欢玩战争游戏来打发时间。集结的人数越多，省长们越是自豪，觉得自己就像他们的主人似的。下诺夫哥罗德营地里的团队都是些童子军。我们到达他们帐篷的时候是在晚上。那些帐篷扎在一大块平地上，那里是下诺夫哥罗德老城所在的小山上平地的延伸部分。

六百人在吟唱祷文。这个兼具宗教和军事性质的合唱团在远处，在旷野中，产生了令人惊讶的效果。在纯净、深邃的天空下，它就像一团香云在庄严地升起。从人的心灵，那激情与忧伤的深渊升起的祷文，就像是从撕裂的火山口喷出的直冲云霄的烟火柱。在沙漠中迷失了许久的以色列人的云柱，不知道描绘的是不是同样的景象？这些穷苦的斯拉夫士兵的声音因为离得远而变轻了，就好像来自天上。当最初的音符传入耳际，平地上的一座土丘刚好遮住了帐篷。大地微弱的回声应和着这些天籁。音乐被远处步枪的射击声打断了。这就像一支军乐团。枪声简直和歌剧中的大鼓一样响，而且比它们还适时。当那些帐篷——动听的歌声就是从那里传出的——出现在我们面前，帆布上的落日余晖又给歌声增添了魔幻的色彩。

看到我沉浸在这种音乐中，省长有好长时间没有打扰我，他自己也享受着音乐的乐趣。对于这位真的很热情好客的人来说，没有什么比让客人感到快乐更让他高兴了。向他表示感激的最好的方式，就是让他看到你心满意足的样子。黄昏时分，我们的游览结束了。在回去的途中经过山下的小城时，我们停在一座教堂面前。那座教堂在我来到下诺夫哥罗德之后就一直吸引了我的注意。它是真正的俄式建筑的典范，既不是古代希腊的，也不是东罗马帝国时期的希腊的，而是克里姆林宫或瓦西里·柏拉仁诺教堂那种类型的代尔夫特陶瓷玩具，尽管造型和色彩的变化少一点。教堂表面有很多花饰和奇形怪状的雕刻，让人在前面驻足的时候，不由得想起了德累斯顿的细瓷器。这种充满奇思妙想的小巧杰作不是古代的。它是斯特罗加诺夫家族慷慨解囊建造的。这些大贵族的祖上是商人，伊凡四世在位期间征服西伯利亚的行动就是由他们资助的。那时的斯特罗加诺夫兄弟亲自招募了探险大军，为俄国征服了一个王国。他们的士兵是陆地的海盗。

斯特罗加诺夫教堂的里面与其外观不相称。虽说它不怎么样，我还是更喜欢它，而不是那些把彼得堡和莫斯科塞得满满的、笨拙的罗马神庙的复制品。

最后我们还去了集市的剧院，听了用当地语言演唱的轻歌舞剧。俄国人的轻歌舞剧仍然是从法国人那里翻译的。这个国家的人们对于这种从国外输入的新的文明手段显得非常自豪。我无法判断演出对于赶集的人们的影响，因为剧场几乎完全是空的。在可怜的、没有任何观众的演员面前，除了无聊和同情之外，我这次还体会到在我们自己的戏剧中，把演唱与道白混在一起总是让我产生的不愉快的印象。这种野蛮的做法，又没有法国人的俏皮话，如果不是看省长的面子，一开场我就坐不住了。虽然不好看，我还是耐心地一直看到演出结束。

为了赶走无聊，夜里我一直在写作，但这种努力让我病了，于是我发着烧就睡觉去了。

第三十五封信

弗拉基米尔，9 月 2 日

一个被杀害的德意志地主·俄国人讨厌革新·故步自封的后果·农民的奴性·吉巴尔先生的流放·莫斯科大公国的女巫·一个病人在其俄国朋友中的遭遇·俄国人的仁爱·对坟墓的热爱·夜间的礼仪课·集市上的吉卜赛人·流浪者的美德·维克多·雨果·取消游览喀山的计划·医生的建议·俄国人对自由政府的看法·弗拉基米尔城·俄国的森林·宪兵的作用·强行要求外国人表现出虚假的体谅·集权·偶遇大象·事故·返回莫斯科·告别克里姆林官·有皇帝在附近所造成的影响·博罗季诺军事盛典·作者缺席的原因·维特根斯坦公爵·对历史的歪曲

一位雅门先生告诉我，下诺夫哥罗德有一个德意志人，是村里的新地主，也是非常能干的农民，倡导在这个国家还没有采用的耕作方式，刚刚在自己的土地上被人杀害。他的土地紧挨着另一个外国人默林先生的土地，这件事就是通过默林先生我们才知道的。

当时有两个人借口买马找到这个德意志地主。他们在夜里闯进他的房间把他杀了。可以肯定，那是这个外国人手下的农民干的，以报复他试图在他们的土地上采用新的耕作方式。

这个国家的人讨厌所有不是俄国的东西。我经常听人说，总有一天，他们会把全帝国不留胡须的男人都踩在脚下杀掉。俄国人的相互认同靠的是胡须。在农民眼中，俄国人要是下巴刮得干干净净，那就是叛徒，把自己出卖给了外国人，就该得到和外国人一样的下场。但是，幸存者会对这些莫斯科大公国的晚祷曲的作者施以什么样的惩罚呢？不可能把整个俄国都送去西伯利亚。村子可以迁走，但要流放一个省就难了。应该指出，这种惩罚对于农民来说算不了什么。只要有漫漫严冬的地方，俄国人就把那里认作他的国。雪的样子总是相同的。不论哪里，大地的裹尸布都是白色的，不管是六英寸还是六英尺厚。因此，只要允许重建他的小屋和雪橇，不管流放到哪里，俄国人都觉得和在家乡一样。在北方的荒原，打造一个国不费多大的事。对于只看到过长着稀稀拉拉的矮树的冰原的人，凡是又冷又荒凉的地方，都是他的故乡。再说，这些纬度的居民总是想要离开他们出生的地方。

这个国家的混乱景象正在迅速蔓延。我每天都听到某个新的罪行。但是，等到公布的时候，它已不再是新闻。这可以减少它的影响，尤其是在那么多孤立的暴行所造成的结果，根本不会打扰国家总体上的平静时。就像我说过的，在这个国家的民众中，维持平静靠的是道阻且长，靠的是政府的隐瞒。政府因为害怕将罪恶公之于众而使罪恶永久存在。除了这些原因，还有军队的盲目服从，尤其是乡下人本身的极度无知。但是，事实之间的联系是多么奇怪啊！解决后一个问题的办法同时又是引起罪恶的头号原因。因此，很难看清楚这个民族怎样才能摆脱他们实际陷入的恶性循环。到现在为止，善恶安危都来自相同的源头。

读者根本想象不到，农民会用怎样的方式欢迎一个刚刚得到某块新地产的地主。他们表现出的奴性，会让我们国家的人民觉得难以置信。男女老少全都跪在他们新主人的面前，亲吻这位地主的手，有时还亲吻他的脚。啊，多么可悲的亵渎信仰的行为！那些年龄大得足以作恶的人，自愿向他坦白他们的罪恶。他之于他们，就是天主的化身和使者，既代表天上的王，又代表皇帝！这么喜欢奴役，最终肯定会在膜拜对象的心中产生错觉，尤其是，如果他获得现有地位的时间还不长。命运的改变如此显著，肯定会冲昏他的头脑，觉得他和那些匍匐在他脚下的人，那些他突然发现自己有权对其发号施令的人，不属于同类。在我坚持认为只有天生的贵族才可以改善农奴的状况，并让他们通过温和而渐进的过渡从解放中获益的时候，我决不是自相矛盾。他们的奴隶制在新型富人的统治下难以为继。在从前主人的统治下，它的确也很艰难，但这些人至少生来就在他们之上，而且也在他们之中，这一点可以让人聊以自慰。此外，掌权的习惯对于一方来说很自然，就像做奴隶的习惯对于另一方来说也很自然一样；而习惯可以缓和一切，既可以让强者的不义变得温和，也可以让弱者的枷锁变得不那么沉重。但是，在一个实行奴役制度的国家，命运和生活状况的改变，带来的后果是可怕的；不过，正是这种改变维持了俄国现存的秩序，因为它博得了知道怎么从中捞取好处的人的支持——这是从罪恶的渊薮中找到救济法子的又一实例。在一个庞大的帝国中，人人都在围绕它旋转的恶性循环！这个地主，这个新的神灵，他有什么资格受人崇拜？他受人崇拜，是因为他有足够的金钱，而且惯于搞阴谋诡计，能够买到匍匐在他面前的那些人所依附的土地。在穷人的生活依赖富人，而且人成了人的财产的国家，暴发户在我看来就是魔鬼。难以餍足的进取心和不可动摇的隶农制在同一个社会联合起来，产生了令人憎恶的结果。但暴君喜欢暴发户，因为暴发户是他的造物！新地主的身份是这样的：昨天他和他的奴隶一样，他或多或少是诚实的劳动，或多或少是卑鄙的奉承话，使得他有能力购买一定数量的同伴。成为同类的役畜是不可饶恕的罪恶。然而，它却是专横的风俗习惯与自由主义的，更准确地说，与不稳定的制度组成的邪恶同盟有可能给一个民族带来的结果。在别的国家，发了财的人不可能让被打败的竞争对手去亲吻他的脚。最令人震惊的反常现象倒成了俄国宪法的基础。

　　我可以顺便提一下，民众生活于其中的制度在他们头脑中引起的奇特的思想混乱。在这种制度下，个人与土地联系非常紧密，实际上，他是和土地一起出售的。但是，他没有意识到，自己是固定的附着物，而土地才是可转让的财产。换句话说，他没有意识到他属于这块土地因而可以被随意处置，反倒以为土地是他自己的。事实上，他的认识不过是一种错觉。因为，虽然他自以为是土地的所有者，可他却弄不明白，怎么可能把土地卖了而没有把居住在土地上的那些人也卖了。因此，在他换了主人的时候，他不说土地被卖给了新业主，他认为首先被卖掉的是他自己这个人，此外，他的土地也随他一起走了，因为那是生他养他的土地。对于法律的了解差不多和对于树木花草的了解一个水平，这样的人怎么可能获得自由？

　　教师的儿子吉巴尔先生——凡是得到授权可以提到名字的，我都提到名字——被流放到西伯利亚奥伦堡郊区的一个村子，没有原因，至少没有解释是什么原因，因而也无从猜到他究竟犯了什么罪。他创作的一首排解忧伤的歌曲被督导听到了，督导报告给省长，引起了那个大人物的注意。他派副官过去了解吉巴尔先生的处境和品行，看看他是否有什么用处。那个倒霉的人成功地引起了副官的兴趣。副官回去为他说了很多好话，结果他马上被召回了。他根本不知道自己倒霉的真正原因，也许，那是另外一首歌吧。

在俄国，人的命运就是由诸如此类的事情决定的！

下面的故事就不同了。

在某某公爵的领地上，那领地比下诺夫哥罗德还远，有个农妇做了女巫，而且远近闻名。这个女人据说能行奇迹，但她的丈夫感到不满，因为家里没人照管，农活也没人干。管家在报告中证实，有关女巫的说法全都属实。公爵视察自己的领地。他查问的头一桩事情就是那个被魔鬼附体的人。神父告诉他，那个女人的情况越来越糟，甚至不再说话。于是，他决定给她驱魔。仪式是当着地主的面举行的，但毫无效果。他决定把这件怪事弄清楚，就采取了俄国人最好的办法，判处这个中邪的女人鞭刑。这个办法倒是管用。

打到二十五下的时候，挨打的女巫求饶，发誓说实话，而实话就是，她嫁给了一个她不爱的男人，她不想为他干活，便开始装神弄鬼。表演这种喜剧很适合她好逸恶劳的天性，但她同时也治好了很多病人。他们充满信任和希望地过来求她，回去时病就好了。

神汉在俄国的农民中并不少见，农民把他们当作医生。这些游手好闲的人治好了很多人，这一点甚至有医术高超的执业医师作证！这对莫里哀来说是多大的成功啊！而对于世人来说又是多么令人困惑啊！……想象力！……谁能说想象力不是天主手中的杠杆，能把力量有限的造物提升到他们自己之上？就我而言，怀疑让我回归信仰，因为我相信——这样做有违我的理性——凭借某种我无法否认其存在但又说不清楚的力量，神汉甚至可以治好不信天主的人。有了想象力这个词，我们有学问的人就不用解释他们既不能否认又不能理解的现象了。想象力之于某些形而上学家，就像神经之于某些医生。

在这里，我想到一件事，可以证明在我认为人们是被农奴对地主的崇拜愚弄了的时候是不是想错了。奉承对人心的影响很大，大得从长远来看，能让最笨拙的奉承方式，也就是畏惧和兴趣，找到得逞的办法。正因为如此，许多俄国人自以为不同于常人。

有个俄国人在德意志旅行。这个俄国人非常富有，但他应该清楚财富和权力的种种痛苦和弱点，因为他的家族发达起来已经有两代之久。他在一个小城病倒了，于是请了当地最好的医生。起初，他对医生的嘱咐百依百顺，但几天后仍不见好转，他就不想再那么服从了，而是愤怒地起来反抗。他摘掉他原先认为应该戴上的文明的面具，叫来房东，一边在房间里转来转去，一边这样对他说："我不明白给我怎么看的病。我在这里已经吃了三天药还丝毫没有见好。你给我请的是什么医生？他肯定不知道我是谁！"

这一章开头讲的是轶事，这里又是一则，不那么有趣，但可以让人对在俄国过着高端生活的人的性格和习惯有所了解。在这里受人喜欢的只有幸运儿，而这种偏爱有时候会让事情显得非常不符合逻辑。

有个年轻的法国人，曾经在赢得这个国家社交圈的喜爱方面极为成功。人们争相向他表示敬意。宴会、舞会、远足、狩猎，什么都不缺，于是，这个外邦人飘飘然了。他向所有的新来者吹嘘这些受到诋毁的北方野蛮人的热情好客和优雅。

没过多久，这个年轻的狂热者在邻近的小城病倒了。因为病一直没好，甚至还变得更加严重，他最亲密的朋友们都没了踪影，也听不到任何声音。就这样，两个月过去了，那段时间几乎没有人来信问候过他。最终，青春战胜了病魔。虽说当地的医生水平不怎么样，但这位旅行家还是慢慢康复了。一到他完全恢复，所有人都过来看他，祝贺他的痊愈，仿佛他生病时他们一直想着他。看到他从前的东道主那么高兴，你会说是他们又复活了。各种友谊的表白和新的娱乐项目让他应接不暇。他得到轻柔的爱抚，而任性、自私和反复无常就是天鹅绒般的爪子。来访者过来在他的扶手椅旁打牌。他们提出要送给他沙发、蜜饯和葡萄酒。现在他什么也不缺，一切都任由他使用。然而他不会再上当了。他吸取了教训，得到了很多经验，于是便急急忙忙地上了马车，像他说的那样，迫不及待地逃离这个只欢迎那些幸运的、有利用价值的或者能让他们开心的人的国度！

有个睿智的法国老太太，一个流亡者，住在外省的一个小城。一天，她去拜访一位相识的俄国女士。当地的很多人家里，楼梯都用活板门盖着。这位法国女士没有留意这样的暗门，下楼的时候从大概十五级台阶的高处滚了下去。女主人怎么做的呢？读者不容易猜到。她甚至没有去看看她倒霉的朋友是死是活，没有跑过去帮她，没有派人去请医生，也没有叫人帮忙，而是虔诚地跑到她的祈祷室，把自己关在里面，祈祷圣母过来帮助可怜的死者，或者伤者——是死是伤，那就要看天主的心意了。在此期间，伤者——不是死者——已经站了起来，胳膊腿都没有断，于是又登上前厅，在她虔诚的朋友祷告完之前，请人把自己送回家。实际上，那个俄国女士一直不肯从她的庇护所出来，直到有人透过钥匙孔大声地向她保证，事故没有引起严重的后果，她的朋友已经回家。听到这个消息，爱心又在那个虔诚的俄国信徒胸中复活了。她认为是她的祷告起了作用，于是便殷勤地赶到她朋友的家里，坚持进入她的房间，来到她的床前，滔滔不绝地向她讲了一个小时表示关心的话，让她得不到急需的安宁。

上述孩子气的特点是由出事的那个人亲口对我说的。以后如果听到有人掉进涅瓦河淹死了也没人过去帮忙，甚至不敢说起他们淹死的事情，我们也不用感到奇怪！

俄国的上层阶级因为心灵和头脑受到疲惫和满足感的折磨，所以有各种各样古怪的想法。彼得堡的上流社会有个女士，已经嫁过几次人。夏天她是在离城几里格远的一幢华丽的乡间住宅度过的。她的花园里有很多坟墓，全都是她从前的丈夫的。他们一死就成了她的挚爱。她为他们建造陵墓和小教堂，为他们的遗骸哭泣，在他们的墓上写上情意绵绵的墓志铭。总之，她向死者表达的敬意就连生者都感到不适。这位女士的娱乐场就这样成了一座真正的拉雪兹神父公墓。对于任何不像那位贵族寡妇一样热爱坟墓和过世的丈夫的人来说，那里几乎没有一点阴郁的气氛。

在一个像别人学习战争或管理艺术那样一丝不苟地学习优雅的民族中，对于他们虚假的敏感，我们根本就不用感到奇怪。下面的例子说的是，当一些最孩子气的事情影响到个别俄国人的时候，他们会如何严肃地对待它们。

有个上了年纪的富人，祖上是古代的波雅尔，住在离莫斯科不远的乡下。一队轻骑兵，连同其军官们驻扎在他的宅邸。当时是复活节期间，俄国人对于这个节日庆祝得特别隆重。这一天，所有的家庭成员，连同他们的朋友和邻居，都要一起参加在午夜整点举行的弥撒。

我提到的那位业主，作为当地的头面人物，希望复活节前夕会有很多客人到场，特别是因为那年他刚刚翻新了堂区教堂。

再有两三天就过节了，这时，他被通往他宅邸的码头上的一支由马和马车组成的队伍惊醒了。这座城堡按照通常的习惯，紧挨着一小片水域。教堂在对面，就在码头的尽头，而从城堡到村里要从码头经过。

半夜听到这样的响动让主人很是惊讶。他起来透过窗户向外张望。让他非常意外的是，借着许多火把的亮光，他看到一辆漂亮的折篷轻便马车，由四匹马拉着，还有一些骑马的侍从护送。

他很快就认出这辆新马车以及马车的主人。那是住在他家的一个轻骑兵军官。这人最近继承了一笔遗产而变得阔气了，刚买了马车和马，就把它们带到城堡。老地主看到他夜里独自一人坐着敞篷马车在荒凉寂静的乡下神气活现，以为他疯了。他盯着这支考究的队伍，看到它整整齐齐地向教堂走去，然后停在教堂门口。在那里，马车的主人在仆从们的伺候下十分庄重地下了车；他们簇拥在他的周围，扶着他，尽管他看上去完全跟他们一样敏捷，不用他们帮忙也毫不费力。

他的脚刚一落地，就又慢慢地、派头十足地重新上了马车，在码头上再次掉头，然后又一次回到教堂，在那里和他的仆从们重新开始之前的仪式。这种游戏做了一遍又一遍，直到天亮。最后一遍的时候，那个军官下令悄悄地回到城堡。几分钟后，所有人都躺到了床上。

早晨，好奇的主人向他的客人，也就是那个轻骑兵上尉，提的第一个问题是，他为什么要在夜里坐马车，还有，他的手下为什么要在他的周围变换队形。"哦，没什么！"军官回答说，一点也不感到尴尬。"我的仆人都是些新手；您在复活节的时候会有很多朋友，人们会从四面八方来到这里；所以我只是想，最好还是把我进教堂的过程演练一下。"

现在我必须讲讲我离开下诺夫哥罗德的情况，它看起来不如轻骑兵上尉的夜游那么精彩。

在我陪省长到那家没有观众的俄国剧院去的那天晚上，和他分手后，我遇到一个熟人，他带我去了吉卜赛人在集市最热闹的地方开的咖啡馆。当时差不多是午夜，这家咖啡馆依然灯火通明，人声嘈杂。我觉得那些女人非常漂亮。她们的服饰看上去和其他俄国女人的一样，但穿在她们身上却带有一种异国风情。她们的眼神很迷人，相貌和姿势既非常优美，又十分庄严。总之，她们就像米开朗琪罗笔下的女预言家。

她们的唱法跟莫斯科吉卜赛人的差不多，要说有什么不同，我觉得更有表现力，更有力量，也更富有变化。我相信，她们的性格肯定非常骄傲，她们肯定充满热情，却既不轻浮，也不贪财，还有，她们对条件非常优厚的求婚往往不屑一顾。

我越看就越是对品德并不高尚的人们身上残留的美德感到惊讶。就像因为其政府而受到轻视的民族一样，据说一无是处的个人也常常拥有很多优秀的品质，只不过那些品质被误解了。相反，让我们颇为意外的是，在上层人物身上也可以看到弱点，在据说治理得很好的民族身上也可以看到孩子气的倾向。人类的道德状况几乎总是让人捉摸不透。

复兴的思想——我在这里只能笼统地说一说——已经由我们自己的时代或任何时代中一个最大胆的人揭示出来，并作了不遗余力的辩护。维克多·雨果似乎曾经打算把他的剧作专门用来向世人揭示，在天主的那些最受社会排斥的造物的灵魂中残留的人性，亦即残留的神性。这一计划不仅关乎道德，还关乎宗教。要扩大同情的范围，就要做虔诚的事情。民众的残忍往往是因为轻率、习惯或者原则，但更多是因为错误。要治愈——如果可能的话——遭到误解的心灵的创伤，同时又不会对其他也值得同情的心灵造成较深的伤害，那就要让我们自己参与到天主的计划中，扩大天国的范围。

我们离开吉卜赛人的时候，夜已经很深了。乌云掠过平原，使得气温骤降。集市上长长的、空荡荡的街道布满水坑，我们的马冲过那些水坑时并没有减速。狂风大作，乌云翻滚，预示着还要下雨，还把被马溅起的污水刮到我们脸上。"夏天终于过去了，"我的导游说。"您说得真是太对了，"我答道，"我感觉冷得像冬天。"我没带披风。早晨闷热得让人透不过气来，回去时我快冻僵了。我坐下来写了两个小时，然后在休息的时候开始发寒热。早晨当我想要起来的时候，突然感到一阵眩晕，接着就又倒在床上，连穿衣服的力气都没有。

更令人恼火的是，我原本打算就在那天去喀山的，因为我希望至少要踏上亚洲的土地，而且还为此预订了一艘船，沿伏尔加河顺流而下，同时让我的宪兵带着空马车去喀山，从陆路把我接回下诺夫哥罗德。不过，在下诺夫哥罗德省长颇为自豪地让我看了喀山的规划和图纸后，我的心就有点凉了。从俄国的一端到另一端，依旧是同样的城市。大广场，宽阔的街道，街道两边矮小的房屋，饰有立柱和山花的省长府邸——这些装饰在鞑靼人的城市甚至比在俄罗斯人的城市还要不伦不类——兵营，神殿风格的大教堂，总之，什么也不缺；结果我感到，为了看那些千篇一律的建筑，再辛辛苦苦多走两百里格不值得。但西伯利亚边疆和围攻喀山的记忆仍让我蠢蠢欲动。不过，当时必须放弃这趟旅程并静养四天。

省长非常有礼貌地过来探望躺在简陋的床上的我。最后，到了第四天，因为感到病情加重，我决定请个医生。这人对我说："您没有发烧，您也没有生病，但是，如果您在下诺夫哥罗德再待上三天，您就会染上重病。我知道这儿的空气对于某些气质的人有影响，只要离开这儿，不超过十里格，您就会发现自己好多了，而到了第二天您就会完全好了。"

"但是我吃不下，睡不着，也走不了路，更不用说一下床，头就疼得厉害。万一我不得已停在路上可怎么办？"

"您一定要待在车里。秋雨已经开始了。我再说一遍，如果您继续留在下诺夫哥罗德，我可不为您负责。"

这位医生经验丰富，技术精湛。他在德意志完成学业后曾在巴黎待过几年。他的神情让我有信任感，于是，我就在接受他建议的第二天，在凄雨冷风中上了马车。天气非常不好，就连最坚强的旅行家也会感到沮丧。不过，进入第二段路程，医生的预言就应验了。我的呼吸开始通畅，虽说仍然浑身乏力，只好停在一个很糟糕的地方过夜。第二天我就完全恢复了。

当我在下诺夫哥罗德卧床不起的时候，我的密探护卫对于我们延长了留在集市的时间，以及他因此而无所事事感到厌烦了。一天早晨，他去找我的贴身男仆，用德语对他说："我们什么时候离开？"

"我说不准，因为先生病了。"

"病了？"

"您不会以为他喜欢一直把床放在您在这儿为他找的那样一个房间吧？"

"他怎么啦？"

"我不清楚。"

"他为什么病了？"

"天哪，您最好去问他。"

这声"为什么"在我看来值得一提。

这人一直记着马车里的事情。从那以后，他的态度和脸色就变了。这就证明，哪怕是在最装腔作势的人身上，也总在某个隐秘的角落保留着天性和真诚。因此，就因为他的敌意，我对他的看法反而好了。我原本以为他一点朴素的情感都没有。

俄国人同文明世界所有的新来者一样，极其容易受到伤害。他们无法理解一般性的表述，把什么都当作人身攻击；法国无论在哪里都没有被这样误解过。对于这些人来说，思想和言论的自由比什么都难以理解。那些对我们国家妄加评判的人对我说，他们并不真的相信我们的国王不会惩罚每天都在巴黎骂他的作家。

"不过，事实在那儿，会让你们相信的。"我反驳他们说。

"是的，是的，您谈到宽容，"他们带着什么都知道的神气回答说，"那对于大众和外国人来说非常好，但你们政府暗中惩罚过于放肆的记者。"

当我重复说在法国一切都是公开的时候，他们不屑地笑了笑，礼貌地住了口，但他们并不相信我的话。

弗拉基米尔城在历史上经常提到。它的外观跟俄国所有城市都差不多——读者对于那种千篇一律的形式简直是太熟悉了。我从下诺夫哥罗德出发走过的地方同俄国别的地方差不多：光秃秃的林区中间夹着一些死气沉沉的城市；兵营时而建在荒野中，时而建在沼泽上，一个团的人的活力才让它有了点生气。当我告诉俄国人，说他们林区管理得很差，他们国家总有一天会没有东西可烧的时候，他们当面嘲笑我的说法。要把覆盖着帝国巨大面积的木材都烧掉，需要多少千年已经算过了，而计算的结果所有人都觉得满意。在省长们提交的估算值中写着，每个省都有大量的森林。统计部门是根据这些资料着手工作的，但是，在进行单纯的加法运算以得到总数之前，计算的人根本没有想到要实地看一看那些纸面上的森林。如果看了，他们大多只能看到在长着蕨类植物和灯心草之类植物的平原上有一些灌木。但是，既然有了书面的统计报告，俄国人就很少再去费心考虑，适合他们土壤的唯一的财富的匮乏问题。在大臣的官署中，他们的森林面积巨大，而这对于他们来说就足够了。由于这种懒政和保密的习惯，可以预见，总有一天人们会用堆在办公室里积满灰尘的旧文件来生火取暖，而这些财富每天都在增加。

我的话可能有点放肆甚至难听。因为俄国人敏感的自恋心理把体谅和得体这两种义务强加给外国人，而我没有服从。我的真诚会让这个国家的人认为我应该受到责备。多么忘恩负义！大臣给我派了宪兵，他的制服让我省去了旅途中所有的困难，所以在俄国人看来，我应该和他们一起对什么都表示赞成。他们认为，如果外国人竟然批评起对他那么尊敬的国家，那这个外国人就违反了所有关于热情好客的规则。尽管如此，我还是看到什么就写什么，就发表我对它的看法。

为了感谢——就像我应该做的那样——邮政总监好意给我派了向导，说一说他的客气让我免去的那些不便至少是不错的。如果我去下诺夫哥罗德的时候带的是普通仆人，不管他俄语说得有多好，我们都会被几乎每一段路程的驿站站长骗人的伎俩给耽误了。他们会先是不肯给我们马，然后又领我们去看空空如也的马厩，好让我们相信真的没有。经过一小时的谈判，他们会给我们找来一组马，假惺惺地说那是某个农民的，他愿意借给我，价钱是帝国驿站规定的两三倍。起先我们或许会拒绝，于是马就会被带走，直到最后我们厌倦了讨价还价，不得不低声下气地恳求把马牵回来，要多少钱给多少钱。每一个偏远的驿站都会上演同样的一幕。在这里，没有经验也没有保护的外国人就是这么旅行的。

俄国人总是小心翼翼地提防他们害怕的真相，但是，在我所属的社会，做事全都是公开的，我为什么要对这些人的顾忌感到不安呢？他们什么也不说，或者只是压低了声音悲观地说些无意义的话，求邻人替他们瞒着。在一个不但禁止发表意见，还禁止陈述最无可置疑的事实的国家，所有公开的、解释得清清楚楚的话都会引起骚动。一个法国人不能跟着做这种荒唐的事情，而是应该把它记录下来。

俄国是有人治理，可什么时候它才会变得文明，只有天主知道。

因为不相信说服，君主把什么都揽到自己身上，借口是，要统治像俄国这样一个异常辽阔的帝国，必须采取严格的集权制。这种制度对于盲目的服从来说也许是必要的，但是，摆脱了迷信和偏见的服从，与虚假的简化观念是截然相反的，而那种观念已经影响了沙皇彼得的继承人及其臣民一百多年。简化一旦发展到这种极端的地步，那就不是力量，而是死亡。绝对权威不再是真实的，而是变成了幻影，只不过借人的形象来发挥作用罢了。

俄国的君主如果不去自愿地纠正彼得一世所干的坏事，俄国就决不会真正成为一个民族。但是，在这样一个国家，会找到有勇气承认自己不过是凡人的君主吗？

必须看看俄国怎么才会意识到这种政治改革的所有困难，怎么才会认识到推动这种改革所必不可少的魄力。

现在我是在弗拉基米尔与莫斯科之间的一家驿站。

在俄国的公路上，在让旅行家遭遇生命危险的种种巧合和事故中，刚刚让我的生命受到威胁的那种，读者是想象不到的。当时的情况万分危急，要不是我的意大利仆人能干、有力而且头脑冷静，我就没有机会描述下面的经过了。

波斯国王必须赢得俄国皇帝的友谊。抱着这个想法——他的期望是以大礼为基础的——他要给沙皇送一头体型最大的亚洲黑象。这座移动的塔楼还需要披上马衣一样华美的装饰，并由一大群蝗虫一样的骑兵护送。整个队伍的后面还要有一支驼队。它们走在这头我所见过的最大的大象身旁，就如同驴子一般大小。在这座活动的纪念塔的顶上，还可以看到有个人，橄榄色的皮肤，穿着东方服饰，撑着大阳伞，跷着腿坐在巨兽背上。最后，当这个荒野之王像这样被赶着徒步朝彼得堡走去的时候——那里的气候很快就会把它变成猛犸象和乳齿象一样的藏品——我正沿着同样的路线疾驰。我从弗拉基米尔出发的时间刚好和波斯人一致，结果，在这条荒无人烟的路上的某个地方，我飞奔的俄国马把我带到他们后面，因而必须从那个庞然大物身旁经过。——我说听着，要说明在看到前面有一座活生生的金字塔，在一群长相奇怪的人和牲畜当中仿佛是用魔法在移动，我的四匹马为什么会受惊并造成险情，就需要把所有这些情况联系起来。

　　靠近那个庞然大物的时候，它们的惊恐最先表现为全都吓得跑到边上，发出不同寻常的嘶鸣和呼哧呼哧的喘息声，而且不肯再往前走。但马车夫的吆喝和鞭子最终还是赶着它们超过了那头令它们惊恐万分的怪物。它们哆嗦着，鬃毛竖了起来，并且一到与那头巨兽并排的时候，它们就像是责怪自己过于大胆一样——胆量不过是对其他东西的害怕罢了——再也沉不住气，无论马车夫怎么吆喝和勒紧缰绳也不管用。人在自认为是征服者的那一刻就被征服了。马一觉得大象到了后面，就开始全速奔跑，丝毫没有注意狂乱会把它们带到哪里。这个疯狂的过程差一点要了我们的性命。不知所措的马车夫在座位上一动不动，而且松开了缰绳。坐在马车夫旁边的宪兵和他一样目瞪口呆，什么忙也帮不上。马车的折篷因为天气和我生病的缘故是合上的。安东尼奥和我坐在车里脸色苍白，一言不发。我们那种俄式马车没有门。它就像小船一样，我们必须从两侧跨进跨出。突然，发了疯的马拐弯离开大路，冲向约有十英尺高的几乎是垂直的河堤：一只小的前轮已经陷在河堤侧面；两匹马到了河堤顶上，而缰绳还没有断；我看到马腿在和我们头一样高的位置；如果再使点劲，马车就会拉上去，但是，当然不会连着车轮。我心想，这下子我们全完了。护送那个引起这场危险的庞然大物的哥萨克们，看到我们的情况危急，就很谨慎，不再跟在我们后面，以免进一步刺激我们的马匹。我已把灵魂交到天主手里，甚至都没想到跳下马车。就在这时，安东尼奥突然不见了。我以为他死了，马车的车头和皮帘子让我看不见现场。但与此同时，我感到马车停住了。"我们得救了。"安东尼奥喊道。这声"我们"让我非常感动，因为在他毫发未损地出了马车之后，他自己已经没有任何危险。他罕见的镇定让他能瞅准机会跳出去。然后，情急之下，他变得十分敏捷，不知怎么地就上了河堤，到了爬上河岸的那两匹马的前面，它们的拼命用力会把我们大家都害死的。就在马车快要翻掉的时候，马停住了，但安东尼奥的行动给其他人效仿他的做法赢得了时间。马车夫随即也到了另外两匹马的前头，而向导则在撑住马车。与此同时，护送大象的哥萨克骑着马飞奔着赶来帮忙。他们帮我从车上下来，并且帮助我的人拉住仍然在不停哆嗦的马匹。没有比这更险的事故了，也没有比这代价更小的事故了。马车上一根螺丝都没有松，马具的带子几乎一根都没有断。

一刻钟之后，安东尼奥在马车里静静地坐在我身边；又过了十分钟，他已经呼呼大睡，仿佛不曾救过我们大家的性命一样。

在他们整理马具的时候，我走近这起事故的罪魁祸首。象夫已经小心地把它赶进树林，就在大路旁边的一条小路附近。经历过这头可怕的巨兽给我带来的危险之后，它在我的眼中越发显得庞大。它的长鼻子在桦树的树梢上忙碌着，就像一条盘绕在棕榈树间的大蟒。我开始理解我的马为什么害怕了，后来我就走了，感谢天主让我大难不死，当时我一度觉得死亡已经不可避免了。

现在我是在莫斯科。那里几个月来一直十分炎热，我发现气温和我离开时一样，这里的夏天真是不同寻常。因为久旱无雨，城里人口密集的区域大多腾起一种淡红色的尘雾，在黄昏时制造出孟加拉烟火一样奇特的效果。今天晚上，我在日落的时候从克里姆林宫凝望这幕景象——我又到克里姆林宫仔细地游览了一番，它和第一次一样让我赞叹不已，也几乎和第一次一样，让我非常惊奇。

人的城市与巨人的宫殿被柯勒乔[1]有幅作品中的那种光环分开了，整体上则体现了诗与画的种种奇迹。

作为画面中的最高点，在克里姆林宫还能照到最后几

1 安东尼奥·达·柯勒乔（Antonio da Correggio，1489—1534），意大利文艺复兴时期著名画家。

抹光线的时候，城里的其他地方都已是暮霭沉沉。想象力不承认任何边界。天地万物，无限的天主本身，似乎都因为亲眼看见了这幕庄严的景象而被领会了。它是马丁非凡作品的活生生的模型。我的心因为恐惧和赞美而跳动：我看到了关押在城堡中的整批整批的超自然囚犯；它们的轮廓就像画在金底上的恶魔一样闪闪发光；它们走向已经被暗夜笼罩的地方，似乎准备从那里撕开夜幕；我期待着听到可怕而美丽的雷声。

一群群形状不规则的白色宫殿，不均匀地反射着若隐若现的偏斜的暮光。色泽的这种变化是由各处墙体倾斜的角度不同，以及构成野蛮人建筑之美的凹凸不平造成的。他们的奇思妙想，即便不能让鉴赏力倾倒，也能让想象力肃然起敬。它是那么令人惊讶，那么美丽，让我不禁再次提到克里姆林宫的名字。

但是，读者不要担心，因为这是一次告别。

工匠的哀歌在穹顶与穹顶、雉堞与雉堞、峭壁——人造的——与峭壁之间回荡，沁入我心田，使它沉浸在无以言表的忧郁中。徘徊的日光出现在皇家建筑的深处。循着空荡荡的走廊和碉楼，传来人的声音。此时此刻，在这些孤零零的宫殿中间，听到它我十分惊讶。宿鸟亦是如此。它在神秘的爱情中受到惊扰，逃离了火炬的光亮，在最高的尖顶和塔楼中寻找栖息之所，并从那里散布消息，报告这不寻常的混乱。

混乱是皇帝为迎接他自己的到来而下令做的准备引起的：他自己给自己庆贺，在来莫斯科的时候让克里姆林宫张灯结彩。与此同时，随着夜色渐浓，莫斯科城也点亮了。街道、店铺、咖啡屋和剧院灯火通明，像是施了魔法一样都从黑暗中出现了。那天也是皇帝加冕的纪念日，这是张灯结彩的另一原因。俄国人有那么多的节日要庆祝，如果我是他们，我就让我的灯一直亮着。

人们已经开始感受到魔法师即将来临。三周前，住在莫斯科的只有商人，他们坐着马车为了生意到处奔波；现在，骏马、豪车、华服、大贵族以及无数的仆人，让大街有了生气，也阻塞了门廊。"皇帝离这里还有三十里格。谁知道他是明天到，还是今晚到呢？听说他昨天就到这里微服私访了。谁能证明他现在不在这里呢？"这种怀疑，这种期盼，让所有人都激动不安。它改变了所有人的表情和语气，改变了所有事物的外观。莫斯科，这座商人之城，现在就像一个市民的妻子期待着一个大贵族的光临一样焦躁不安。空荡荡的宫殿和花园又打开了，鲜花和火炬比试着看谁更有光彩，人群中开始小声嘀咕奉承的话。我担心自己会受到这种幻觉的影响，即便不是由于自私，至少也是因为对奇迹的爱。

莫斯科的俄国皇帝就相当于巴比伦的亚述王。

他们说，他的驾临此刻正在博罗季诺创造奇迹。一整个城市在那里被创造出来——一个刚刚从荒野中冒出来，而且注定要存在一周时间的城市。那里甚至还在宫殿四周种植了花园；注定了很快就会死去的树木不惜成本从远方运来，并且布置得像古式灯罩。俄国人虽然没有任何历史，但他们就像所有文明起来的暴发户一样——那些暴发户十分清楚人们对他们的暴富是怎么想的——特别喜欢仿造时间的效果。在这个幻境般的世界，凡代表持久的都是用最短暂的东西仿制的。在博罗季诺平原还搭了几座剧院，戏剧成了战争哑剧之间的插曲。

庆典的节目是精确地重演那场战役，我们称之为莫斯科战役，而俄国人称之为博罗季诺战役。他们希望尽可能真实，所以就从帝国最遥远的地区召来所有仍然在世的、参加过 1812 年战斗的老兵。读者可以想象这些勇敢的士兵的惊讶和痛苦，突然被人打断他们宁静的生活，不得不从西伯利亚、堪察加、拉普兰、里海或高加索来到据说曾是他们光荣战场的剧院——那种光荣不是他们的命运，而是他们的名声，是对他们超出常人的献身精神的少得可怜的一点补偿。为什么要勾起对这些问题和往事的回忆呢？

为什么要这样贸然唤出那么多被人遗忘的沉默的幽灵呢?
这是对 1812 年士兵最后的审判。如果他们是希望讽刺军
旅生活,那这种做法再好不过。霍尔拜因[1] 在《死神之舞》
中就是这样刻画人类生活的。这些被人从行将死亡的睡梦
中唤醒的士兵,许多已是多年没有上过马,而在这里,为
了让一个从来没有看见过的主人高兴,他们只能把自己早
已遗忘的角色重演一遍。他们害怕不能达到这位任性的、
用这种方式打扰了他们老年生活的君主的期望,以至于他
们说,对于他们,重演那场战斗比真实的战斗还可怕。这
种毫无用处的仪式,这种想象的战争,会让那些在真实事
件中逃过一劫的士兵送命。彼得大帝让人把活熊带到为自
己小丑的婚礼举办的舞会上。只有这位沙皇的继承人才适
合这种残忍的娱乐。所有这些娱乐都源自同样的想法,也
就是对于人的生命的蔑视。

　　皇帝曾经允许我——这意思是说他命令我——出席博
罗季诺的仪式。这种恩宠我自己觉得是配不上的。当时我
没有想到,在这出历史剧中,法国人将要扮演的角色是极
为困难的,而且当时我还没有看到他希望我赞美的克里姆
林宫的丑陋的工程,尤其是当时我不知道特鲁别茨科伊公

1　汉斯·霍尔拜因(Hans Holbein, 1497—1543),德意志—瑞士画家,
　　北方文艺复兴的代表人物。

爵夫人的故事。那个故事因为我不能提起它而更加难忘。这些原因合在一起，使我决定不要让人想起我。这是个比较容易的决定，不然会招来麻烦，因为有一帮法国人以及来自各个国家的外国人，费了很大的劲，想要出席博罗季诺的仪式却没有得到允许。

营地的警察突然间都变得极为严厉。之所以采取这些新的措施，是因为最近发生了令人不快的走漏消息的事情。叛乱的火星在自由的灰烬下到处蔓延。我甚至不知道，皇帝之前向我发出的邀请，包括在彼得堡以及后来在彼得霍夫当我向他道别的时候发出的邀请，事实上是否还有效。"如果您能出席博罗季诺的仪式，我将非常高兴，我们要在那里为巴格拉季昂将军[1]的纪念碑奠基。"这是他最后说的话。（作者附释：我后来在彼得堡得知，当时已经下了命令，允许我到博罗季诺。他们估计我会去那里。）

这里我见到几个人，之前他们受到邀请，现在却无法靠近营地。除了少数拥有特权的英国人和外交使团的一些成员之外，谁都不允许。其余的人，不管是年轻的还是年老的，军人还是外交官，外国人还是俄国人，都灰溜溜地回到了莫斯科。我已经给和皇帝家人有联系的一个人写了

1　彼得·伊凡诺维奇·巴格拉季昂（Pyotr Ivanovich Bagration，1765—1812），格鲁吉亚人，俄国将军，在博罗季诺战役中重伤身亡。

信，对我辜负了陛下的好意，没有到现场观看演习表示遗憾，而且我还找了个借口，说我的眼睛还没有痊愈。

有人告诉我，营地里的尘土谁都受不了，它有可能使人什么也看不见。洛伊希滕贝格公爵肯定是生性特别淡漠，能够冷静地目睹这个为他准备的场面。他们向我保证，重演这场战斗的时候，皇帝会指挥欧仁亲王，也就是那位年轻公爵的父亲的军团。

如果我能作为一个事不关己的旁观者出席，我会感到很遗憾，没有看到这个在道义上如此奇怪的场面。但是，虽然我没有父亲的名声要维护，可作为法兰西的儿子，我觉得对我来说，观看战争的重演不是为了找什么乐子。重演花了很大代价，就为了利用我们的灾难来宣扬俄国人的民族自豪感。至于场面本身，我可以很容易地描写出来，因为我在俄国看到过很多整齐的战斗队形。此外，检阅和演习的时候，尘土飞扬，眼睛什么也看不见。

俄国人有理由为 1812 年战役的结果感到骄傲，但是，那个制订计划的将军，那个最先建议逐步把俄军撤向帝国中心以便引诱精疲力竭的法国人追击的人，那个俄国应该把解放归功于他的天才的人，维特根斯坦公爵，却没有出现在这场盛大的重演中。因为对他来说不幸的是，他还活着，但差不多已经失宠。他住在他的庄园里，他的名字在博罗季诺不会有人提到，尽管一座不朽的纪念碑即将树立起来，以纪念在战场上倒下的巴格拉季昂将军。

专制制度最喜欢死去的勇士。在这里，我们看到，有一个勇士被宣布为战役的英雄。他在这场战役中勇敢地倒下了，但这场战役根本不是他指挥的。

这种历史诚信的缺失，这种对个人意志的滥用——他把自己的看法强加给所有人，他对人们发号施令而不管他们对涉及民族利益的事情会怎么想——在我看来乃是独断专行的政府的所有渎神行为中最令人反感的。打击会折磨肉体但不会制服思想。就让人按照天主的启示，按照自己的良心和理性来对事情做出判断吧。对这种不停地玷污从天主和人类的角度来看应该受到尊敬的所有最神圣事物的行为，玷污神圣的真理的行为，如果一味地忍受，这样的人民肯定可以称得上是渎神的。

我已收到有关博罗季诺演习的报道，报道让我更加感到愤怒。

大家都读过有关莫斯科之战的描述，而且历史已将其视为我们赢得的战役之一，因为它是亚历山大皇帝不顾自己将军们的建议冒险发动的，是为拯救他的首都做出的最后一搏，结果他的首都四天后就被占领了；尽管一场烈火再加上严寒，加上我们首领的轻率——他这次因为过分相信自己的运气而失去了判断力——决定了我们的灾难。就这样，有了那场战役的结局的支持，现在俄国皇帝可以在这里自吹自擂，把他的军队在离首都不到四天路程的地方输掉的战役看作一场胜利。他歪曲了他声称精确还原的战斗场面。下面就是他对全欧洲眼中的历史撒的谎。

当演习来到这样一个环节，即被俄国炮兵激怒的法国人以举世闻名的勇敢精神，猛攻并占领给他们造成大量杀伤的炮兵阵地的时候，尼古拉皇帝没有像他的公正和尊严都要求的那样，容忍这场有名的演习进行下去，而是迎合他最低级的臣民，让扮演我们打败俄国人并占领莫斯科的那个师后退三里格。可以想象，我是多么感激天主的恩典，让我拒绝出现在这部谎话连篇的哑剧中！

这出战争喜剧的当天，接着还发布了一道命令。如果用这里的方式把它在欧洲发表出来，那会被认为恬不知耻。按照这种不是对一场战役的进程，而是对个人奇思妙想的陈述，"俄国人是主动撤出莫斯科的，这就证明他们没有输掉博罗季诺战役"。（那他们当时为什么没有接着打？）那天的命令还说，"从圣城到涅曼河，傲慢的敌人一路留下的尸骸，证明了国家的捍卫者的胜利。"

不用等到皇帝隆重地进入莫斯科，两天后我就出发去彼得堡。

作者附释

　　该旅行家以书信的形式写给友人的各章到此为止。接下来讲述的内容来自他的回忆。那是在不同的地方写的。开始是 1839 年在彼得堡，后来又在德意志，最近则是在巴黎。

故事

柏林，1839 年 10 月

从莫斯科回到彼得堡·在俄国被关进监狱的法国人佩尔内先生的故事·他的被捕·他旅伴的行为·莫斯科的法国领事·想象力的作用·一个俄国人的建议·大诺夫哥罗德·对伊凡四世的回忆·到达彼得堡·巴郎特先生·佩尔内先生故事的结局·莫斯科监狱的内部·参观科尔皮纳·俄国的拉瓦尔家族的来源·俄国的艺术·画院·布留洛夫先生·北方对于艺术的影响·塔里奥尼小姐在彼得堡·消灭东仪天主教会信徒·代议制政府形式的优越性·作者的感受·一封真心实意的信·返回时不经过波兰的原因

就在准备离开莫斯科的时候，有件奇怪的事情吸引了我全部的注意力，让我不得不推迟出发的时间。

当时我已订好早晨七点的驿马。令我非常意外的是，我的贴身男仆四点就叫醒了我。没有必要如此着急，我就问是什么原因；他回答说，他等不及想要告诉我他刚听说的一件事，他觉得非常严重。他讲的内容大致如下。

有个法国人，路易·佩尔内先生，几天前来到莫斯科，住在一家旅馆，半夜的时候——也就是今天夜里——

被捕了，并且在没收了身份证件之后，被带到城里的监狱，关进牢房。这是我们客栈的侍者告诉我仆人的。我的仆人还问了很多问题，打听到佩尔内先生是个年轻人，差不多二十六岁，身体瘦弱，这就更让人为他担心了。去年他到过莫斯科，当时他住在一位俄国朋友家，那个朋友后来带他去了乡下。现在这个俄国人不在，所以，那个倒霉的囚犯在这里没有别的熟人，除了另外一个法国人 R 先生。听说囚犯就是和他一起从俄国北部一路过来的。这位 R 先生和囚犯住在同一家旅馆。他的名字我一听就觉得耳熟，因为几天前在下诺夫哥罗德省长家一同赴宴的那个皮肤有点黑的人也叫那个名字。读者可能记得，他的长相曾经引起我的思考。在夜里发生的事件中又碰到这个人，让我觉得十分离奇，听上去难以置信。不过我还是马上起床，亲自去找侍者，听他亲口讲了事情的经过，弄明白那人的确就是 R 先生。我特别想要弄清楚他的身份。侍者告诉我，有个准备离开莫斯科的外国人派他去办事，当他来到柯普旅馆的时候，警察正要离开；而且他还说，是柯普先生把这件事告诉他的。他对这件事的说法和安东尼奥的完全一致。

穿好衣服，我就去 R 先生那里，发现他的确就是在下诺夫哥罗德遇到的那个古铜色皮肤的人。唯一的变化是，他在莫斯科显得焦躁不安，与他之前的淡定大不一样。我发现他已经起床；我们马上就认出了对方；但是当我告诉他我这么早拜访的目的时，他显得十分为难。

"我确实和佩尔内先生一起旅行过，"他说，"但那纯属偶然；我们在阿尔汉格尔斯克碰到了，然后从那里结伴同行。他体质很差，身体虚弱，一路上让我非常担心。我出于人道给了他照顾，仅此而已。我不是他的朋友。我根本就不了解他。"

"我对他的了解更少，"我回答说，"但是，我们三个都是法国人。在一个我们的自由和生命随时都可能受到突如其来的威胁的国家，我们应该互相帮助。"

"佩尔内先生陷入这种困境也许是因为什么出格的事情吧，"R 先生答道，"跟他一样，我是个外邦人，而且又不是什么名人，我能做什么？如果他是无辜的，被捕后不会有什么严重的后果；如果他有罪，那就必须接受惩罚。我什么也做不了，我又不欠他的，而且我劝您，先生，不管用什么办法帮他，自己都要非常小心，您对这件事说话也要当心。"

"可他犯了什么罪？"我大声说，"首先必须看到他，了解他为什么被捕，并问问能为他说什么或做什么。"

"您忘了我们是在什么国家，"R 先生回答说，"他被关在地牢里；我们怎么能见到他？这件事是不可能的。"

"法国人，或者任何国家的人，"我站起身回答说，"任由自己的同胞身处险境，甚至不去问问他遭此厄运的原因，这也是不可能的。"

离开这个谨小慎微的旅伴时，我开始想，事情比我起初想象的严重。我考虑，为了弄清楚囚犯的真实身份，我应该去和法国领事说一说。要见到那位大人物，通常必须等一段时间，于是我就把订好的驿马退了，这让那个宪兵非常意外和不高兴，因为在我吩咐退掉的时候，它们已经到了门口。

十点钟，我把上述情况告诉法国领事，结果发现，法国人的那位官方保护人完全和 R 先生一样谨慎，甚至比 R 先生还要冷淡。自从生活在莫斯科之后，这位领事差不多变成了俄国人。我不清楚他的回答是因为他了解这个国家的习惯而心生恐惧，还是因为自恋心理受到了伤害，因为个人尊严遭到了误解。

"佩尔内先生在莫斯科以及它的郊区待了六个月，"他说，"但一直没有想到应该稍微主动一点，找一下法国领事。因此，佩尔内先生必须靠他自己去摆脱因为他的鲁莽所造成的困境。"领事还说，"这个答复也许不是足够明确。"然后他在最后重复说，他既不应该，也没有能力，也不想掺和这件事。

我徒劳地对他说，以他的领事身份，他应该给所有法国人提供帮助和保护，不管是什么法国人，即便他们有失礼的地方；目前的问题不是礼节问题，而是同胞的自由或许还有生命问题；在这样的不幸面前，所有的不满都至少应该先搁到一边，等危险过去再说。对囚犯表示关心的话我一字一句都没有听到。甚至在对他晓以大义，提到法国的尊严和在俄国旅行的所有法国人的安全时，我的话也丝毫不起作用。总之，这第二次尝试和第一次尝试一样，对事情一点帮助没有。

不过，虽然之前我连佩尔内先生的名字都没有听说过，虽然我对他个人根本不感兴趣，可他的事既然叫我碰上了，我觉得自己就有责任尽力去帮助他。正是在这个时候，我强烈地体会到别人肯定会经常想到、但直到此时才模糊地在我心头掠过的一个真理，即想象力有助于扩大同情的范围，并让同情变得更加主动。我甚至在内心里认为，一个没有想象力的人绝对没有感情。我所有的想象力或创造力让我脑海中不由自主地、不停地浮现出这个不幸的陌生人在监狱里形单影只的样子。我和他一起受苦，我感受到他的心情，我体会到他的恐惧；我看到他被整个世界抛弃了，身处绝境，因为在这个距离我们国家那么遥远，与我们国家那么不同的地方，在一个朋友们为了娱乐而相聚，遇到困难就分手的社会，谁会去在意一个囚犯。这种想法对我的同情心是多大的刺激啊！"你以为自己在这个世界是孤独的；你对天主的看法是不公正的，天主给你送来了朋友和兄弟。"我默默地对受害者说。

在此同时，那个不幸的人对于帮助会感到绝望，而在可怕的沉默和单调中过去的每一个小时都会让他陷入更深的绝望。夜晚会和一大帮幽灵一起到来，到那时，他的内心会有多么恐惧和悔恨啊！我多想告诉他，他有权依靠的那些保护人指望不上，可还有一个热心的陌生人。但是，任何联络方式都行不通：光天化日之下，地牢的阴森森的幻觉纠缠着我，并把我关进阴暗潮湿的地下室，尽管我头顶上是明亮的天穹；因为在痛苦中我忘记了俄国人就连监狱也是按古典风格建造的，结果，我梦到的不是罗马式柱廊，而是哥特式地窖。如果我的想象力没有让所有这些东西对我产生如此深刻的印象，我就不会那么积极地坚持营救一个不相识的人。我被幽灵纠缠着，而要摆脱它，无论付出怎样的努力都不算大。

若是执意要求进入监狱，那样做不但危险，而且不起作用。经过长时间痛苦的犹疑，我想到另外一个计划。我在莫斯科认识几个最有影响的人；尽管两天前我已经跟他们——作别，但我决定冒个险，把希望寄托在其中我最看重的一个人身上。

这里不但不能提到他的名字，而且必须小心，不能让人猜到他。

一看到我进去，他便猜到我的来意，于是不等我开口他就告诉我，他碰巧认识佩尔内先生本人，而且他相信后者是无辜的，这就让人弄不明白其遭遇了；但他肯定，像这样把人关起来，只可能出于政治原因，因为俄国警方除非万不得已，否则决不会公布事情的真相；毫无疑问，在莫斯科，这个外国人的存在曾被认为完全是没有人知道的；但现在出事了，他的朋友们如果露面，只会给他带来伤害；因为，要是让人知道有人对他感兴趣，那会使他的处境变得更糟，因为他会被转移，根本没有办法找到，也不会让人有机会抗议。因此，他接着说，为受害者着想，必须极其慎重。"一旦他去了西伯利亚，那什么时候回来，就只有天主知道了。"我的顾问大声说。随后他竭力要我体谅他的难处，说他不能公开表现出对于一个可疑的法国人的关心；因为，他自己也被怀疑有自由主义倾向，他说的话，哪怕只是说他认识那个犯人，都足以把后者流放到世界尽头。最后他说，"您和他非亲非故；您对他的关心只是您认为对一个同胞，对一个您知道他有了麻烦的人应有的关心；您已经尽到了这种值得赞扬的情感给自己施加的义务；您已经跟你们的领事说过了：相信我，您现在最好不再过问；这不会有任何好处；您会为了您为他白白辩护的那个人而连累自己。他不认识您，他也不指望从您这儿得到什么；那就继续您的旅程吧，那样您就不会让他失望了；我会关注他；我不能卷进这件事，但我有间接的办法也许有用，而且我答应会尽我最大的力量把它们用起来。再说一遍，听我的劝，继续赶您的路吧。"

"如果我离开，"我大声说，"我不会得到片刻的安宁；当我想到那个不幸的人只有我把他当朋友一样关心他，而我却什么也不做就把他抛弃了，我会感到自责的。"

"您在这里，"他回答说，"甚至不能让他得到安慰，因为他对您对他的关心一无所知，而且肯定会继续一无所知。"

"想要进入地牢，就一点办法也没有吗？"

"没有，"对话的那人回答说，对于我那样不肯放弃显得有点不耐烦，"即便您是他的兄弟，您在这里也不可能为他做更多的事情。相反，如果您在彼得堡，也许对佩尔内先生还能有用。关于这次把人关进牢里的事情，您可以把知道的情况全都告诉法国大使，因为我不确定，他会不会从你们领事那里听到什么。你们大使那种地位的大人物和拥有巴郎特先生那种身份的人向总监提出的抗议，对于尽快释放您的同胞，要比身在莫斯科的您和我以及其他随便二十个人加起来还管用。"

"但皇帝和他的大臣们在博罗季诺或莫斯科。"我不愿他推辞，就回答说。

"并不是所有的大臣都跟在陛下后面，"他回答说，语气仍然很客气，但渐显不悦，"另外，即使在最坏的情况下，也必须等到他们返回彼得堡。我再说一遍，您没有别的办法，除非您想害了您希望搭救的那个人，并为您自己也招来怀疑，或者更糟糕的事情。"他意味深长地说道。

假如与之讲话的那个人是个禄虫，可以想象，哥萨克已经过来抓我，并把我押往佩尔内先生待的那种地牢了。

我感到给我建议的人耐心已经到头了。事实上，我根本无法反驳他的观点。所以，我就告辞了，答应离开莫斯科，并感谢他的忠告。

我对自己说，既然我在这里显然什么也做不了，那就不如马上离开。但是，我的宪兵动作慢吞吞的，占去了上午剩下的时间，而且直到下午四点过后，我才出发去彼得堡。

绷着脸的向导和马匹的缺乏让旅途又长又乏味。一路上马匹都不够，那是因为替换的驿马要留给皇室和军官，还有从博罗季诺到彼得堡的信使。我有点不耐烦，坚持整夜赶路。但如此急急忙忙并没有走得更快，反而因为马匹不够，不得不在距离彼得堡不到五十里格的大诺夫哥罗德停了六个小时。

我没有什么心情游览斯拉夫帝国的摇篮。摇篮也成了自由的坟墓。著名的圣索菲亚教堂里有 1051 年去世的弗拉基米尔·雅罗斯拉维奇和他的母亲安娜以及一位君士坦丁堡皇帝的墓寝。它和俄国其他的教堂一样，或许并不比下诺夫哥罗德那座埋有米宁骸骨的所谓古代的大教堂更真实。我不再相信在俄国看到的任何纪念碑式的老建筑的年代。但我仍然相信它的河流的名字：沃尔霍夫河向我叙说着围攻这座被"恐怖的伊凡"一次次攻占和屠杀的共和主义城市的可怕景象。我仿佛看到那头身为帝王、专司屠杀和瘟疫的海乙那，蹲伏在城市的废墟之中。他的臣民沾满血污的尸体，接连从几乎为之断流的河里冒出来，向我证明内战的恐怖。值得一提的是，给这座城市招来灾祸的原因，是大主教皮年以及诺夫哥罗德市民中其他一些主要人物与波兰人的通信。在战斗中，在沙皇发明并主持的处决和屠杀中，有三万个无辜的人死去。有几天，六百个人在他的眼前被立刻处决。所有这些暴行都是为了惩罚那个时代不可饶恕的罪行，勾结波兰人的罪行。这件事发生在将近三百年前的 1570 年。从此以后，大诺夫哥罗德便一蹶不振。它可以免于一死，但不能不废除其民主制度。它刷成白色的房屋不再沾满血污，就好像昨天刚建的一样。但街头空荡荡的；废墟中有三部分散落在平原上，在事实上的大诺夫哥罗德城狭小的边界之外。城不过是个影子和名字。这是那个著名的中世纪共和国仅剩的东西。一次次的革命不停地用鲜血浇灌现在差不多已经荒芜的土地，可革命的成果在哪里？这里的一切就跟史前时代一样沉寂。有些目标，被骄傲蒙蔽了双眼的人们认为值得追求的，其实不过是一种手段，以利用他们在活泼的青春期过剩的力量，关于这点，天主给我们的教导简直是太多了。不止一种英勇行为的原理都是如此。

诺夫哥罗德已经有三百年不再敲响钟声召集人民讨论自己的事务了，而那里的人民曾经是俄国各地的居民中最光荣和最混乱的。沙皇的意志扼杀了人们心中所有的情感，甚至是对被抹去的往日荣耀的惋惜之情。几年前，在哥萨克与建在这座衰败的城市附近的武装移民区的农村居民之间，发生了一些骇人听闻的事件。但暴动被镇压了，一切都回归到惯常的秩序，也就是说，回归到死一般的沉默和平静。

我很高兴离开这个地方。那里从前是以自由和混乱出名，现在则因为所谓的"良序"而变得荒凉了——在这里，"良序"就相当于死亡。

我尽可能地加快速度，可还是直到第四天才到达彼得堡。一下马车，我就去了巴郎特先生那里。

他完全不知道佩尔内先生被捕的事情，从我这里听说之后显得十分惊讶，尤其是在他得知我在路上走了将近四天的时候。当我告诉他，我曾试图劝说法国人的官方保护人，也就是我们的领事，想办法营救犯人却白费口舌的时候，他更是显得惊讶。

巴郎特先生听我说话时专注的神态，他给我做出的保证说他会尽心把这件事搞清楚，他对于可能关系到法国的尊严及其公民的安全的哪怕是最小的事情都表现出的重视，让我放下心来，驱散了我想象出的幻影。佩尔内先生的命运掌握在他天然的保护人手中，其能力和品质对于这个不走运的人的安全来说，是比我的热情和无力的游说更好的保证。我感到，我已经为他和我祖国的荣誉做了力所能及的一切。在我逗留彼得堡的十二或十四天里，我在大使面前有意不提佩尔内这个名字，在我离开俄国的时候也并不知道那个如此让我分心和牵挂的故事的结局。

但是，在马不停蹄地返回法国的时候，我的思绪经常回到莫斯科的地牢。假如我知道了那里发生的一切，就会更加痛苦和激动。

为了不让读者像我那样，直到将近六个月之后才知道那个在莫斯科的囚犯的命运，我在这里提前说一说，我回到法国之后了解到的有关佩尔内先生被关押和释放的情况。

1840年冬末的一天，有人告诉我，门口有个陌生人想见我。我让他通报姓名，但他回复说，只告诉我一个人。我拒绝见他，可他执意要见我；我再一次拒绝了他。最后，在他再次求见的时候，他递上一行没有签名的话，说我不会拒绝听一个我救了他性命的人说话，而且他只是希望向我表示感谢。

这话有点奇怪。我吩咐让那个陌生人进来。他一进房间就说，"先生，我昨天才打听到您的地址。我叫佩尔内，我是来向您表示感谢的。因为在彼得堡的时候，有人告诉我，多亏了您，我才能获得自由，并且保住了性命。"

起初这话让我很是意外，后来我就开始打量这个佩尔内先生。他就像无数有着南方人长相和性格的年轻法国人一样，眼睛和头发是黑的，两颊凹陷，脸色苍白，身材矮小而纤细，而且看上去病恹恹的，尽管更多是精神上而不是身体上。他发现我认识他居住在萨伏伊的某些家族成员。那个地方的人很诚实，而他们则是那里最受尊敬的人物。他告诉我说他是律师。他在莫斯科的监狱里被关了三周，其中有四天是关在单人牢房。我们将会从他的叙述中看到，在这种地方，犯人会受到怎样的对待。实际的情况我根本想象不到。

头两天他连食物都没有！没有人理会他，他相信那四十八小时是想把他饿死在牢里。他听到的唯一的声音是笞杖的击打声，从早晨五点一直持续到夜里。挨打的是可怜的奴隶。他们是被主人送到这个地方接受矫正的。除了那种可怕的声音之外，还有受害者的呜咽声、哭泣声和尖叫声，夹杂着行刑人的威胁声和咒骂声。因此，你可以稍稍想象出，我们不幸的同胞在那疲惫不堪的四天里，在不知道自己所犯何罪的情况下，身心受到怎样的折磨。

在以那样的方式无意中了解到俄国监狱的秘密之后，他不无道理地相信，自己的性命注定要丢在那里了。因为他对自己说，"要是还打算把我放了，那就不会把我关在这里，因为那些人最害怕自己见不得人的暴行被泄露出去。"

把他狭小的单人牢房与执行这些死刑的内部法庭分开的，只是一堵薄墙。

自从风俗改良之后，笞杖通常就代替了以往的蒙古皮鞭。笞杖是用劈成三片的藤条做的，这种刑具每一下都会撕下一块皮肉；到第五下的时候，受刑人差不多就无力喊叫了，只能发出拉长了的呻吟声。受折磨者喉咙里这种可怕的格格声，让犯人心惊胆战，向他预示着他不敢直视的命运。

佩尔内先生了解俄国人。因此，他装作什么也没看到的样子亲眼看见了很多私刑，这其中包括对两个女孩的私刑。那两个女孩在莫斯科一个女帽商的手下干活。这不幸的人甚至是在她们女主人的眼前挨打的。女主人责备她们有了情人，而且忘记了自己的身份，竟然把他们带进她的宅子，一个女帽商的宅子！真是罪大恶极！同时，这个悍妇让行刑人打得再狠点儿。其中的一个女孩求饶了。他们说她快被打死了，浑身是血。不管她！她竟然胆大包天，说她女主人的罪比她还大，结果女主人变得加倍严厉。佩尔内先生觉得我可能怀疑他的说法，就向我保证，说那两个不幸的女孩，每个人都断断续续挨了一百八十下。"在数的时候，我都难受得数错了。"他补充说。

面对这种可怕的事情却无力帮助受害者，人在这个时候都觉得快疯了。

后来，农奴和仆人被管家们带来，或者被他们的主人们送来，请求对他们加以惩罚。总之，那里只有残忍的报复和可怕的绝望，而这一切，公众是看不到的。（作者附释：参见从美国报纸上摘录的狄更斯美国游记中有关对待奴隶的方式的描写，在专制的暴行与民主的弊端之间有特别相似的地方。）可怜的囚犯渴望夜晚的降临，因为黑暗会带来安静。虽然到那时纷乱的思绪会让他害怕，但他宁可要想象中的灾祸，也不要现实中的灾祸。对于真正受苦的人来说，情况总是这样。只有睡得香、吃得好的梦想家，才会认为我们想象中的灾祸比实际感受到的灾祸还可怕。

最后，经过四个二十四小时的难以言状的折磨，佩尔内先生被带出地牢，依然未作任何解释，便直接送去另外一个监区。

他从那里写信给巴郎特先生。信是由某某将军转交的，他觉得自己可以信赖他的帮助。

信没有到达收信人手里。后来，在写信人要求就此作出解释的时候，将军找了种种借口，最后还以福音书的名义向佩尔内先生发誓，信没有交到警察总监手里，而且永远不会！这是犯人从他朋友那里所能得到的最大限度的忠诚：这也是在受到专制制度的压迫时，人的感情必然遇到的结局。

在对佩尔内先生来说漫长的三周过后，他被释放了，没有任何手续，甚至也没能知道把他关起来的原因。

他向莫斯科警察局长反复申诉的问题没有得到解释。警察局长只是告诉他，他的大使要人；而与之同时，还有一道离开俄国的命令。他要求允许他取道彼得堡。要求得到了批准。

他想要感谢法国大使帮助他获得自由，同时也想知道，他为什么会被关进牢里。巴郎特先生徒劳地试图让他不要对帝国警察总监本肯多夫先生说什么。这个被放出来的人求见，结果得到批准。他对警察总监说，他不知道为什么会把他关起来，他在离开俄国前希望知道他犯了什么罪。

那位国务活动家简单地回答说，他最好还是别再打听这件事，就把他打发了，而且再次命令他离开帝国，不得延误。

我从佩尔内先生那里了解到的情况就是如此。这个年轻人就像所有在俄国生活过一段时间的人一样，养成了一种习惯，说话时一副神秘的欲言又止的样子。外国人和当地居民都容易那样。人们会说，在那个帝国，所有人的心头都压着秘密。

见我继续打听，佩尔内先生接着又说，他第一次去那个国家的时候，他们在他护照上写的头衔是商人，第二次写的是律师。他讲到一件比较严重的事情，即在到达彼得堡之前，他在波罗的海的汽船上，当着几个不相识的人的面，口无遮拦发表过对俄国专制制度的意见。

他在离开时向我保证，对于他在莫斯科的遭遇，凡是他记得的，都已经告诉了我。那以后我再也没有见过他；尽管在两年后，因为一次非常偶然的机会，我遇到他家族的一个成员，他说他知道我过去为他年轻的亲戚帮的忙，并为此感谢我。这家人，我再说一遍，受到萨丁尼亚王国所有认识他们的人的尊敬。

我利用在彼得堡的最后一点时间，参观了上次游览那座城市没有看过的一些企业和机构。

这其中包括某某公爵领我参观的科尔皮纳大型工厂，那是俄国最重要的兵工厂，坐落在离首都几里格远的地方。帝国海军需要的所有装备都是这里制造的。通往科尔皮纳的道路有七里格长，其中后半段非常差。这家企业由英国人威尔逊先生管理，给他授予的军衔是将军（整个俄国都变成了一支军队）。他像真正的俄国工程师一样，向我们展示了他的机器，不让我们漏掉一根钉子或一颗螺丝。在他的陪同下，我们看了大概二十个车间，规模都很大。经理十分热情，照理说应该对他非常感激才是，尽管我只表达了很少的谢意，而且就连那很少的谢意，我也没有感觉到。疲惫简直让人既觉得无聊，又不知道领情。

在这次冗长而乏味的参观中，我们最欣赏的是布拉默公司[1]的一台机器，发明它是为了检测最大的锚链的强度。能够承受这种机器拉力的一个个巨大的链环，可以在最深的大海中把最大的战舰固定在锚上。为了检测铁的强度而巧妙地利用水压，在我看来，是非常神奇的发明。

我们还参观了准备在遇到特大洪水时使用的水闸。春天的时候，水闸特别有用。没有它们，推动各式各样机器的溪流就会造成难以估量的损失。装有这些水闸的运河加了用厚铜片做成的内衬，因为人们发现，那种金属要比花岗岩更能抵抗冬季的严寒。我听说这在别的地方是没有的。

我们上车准备返回彼得堡的时候，已经是夜里了，而且天气很冷。引人入胜的交谈让人不觉得路有多长。我从交谈中听说了一则趣闻，可以证明握有绝对权力的君主能把创造力发挥到什么程度。到那时为止，我只见过它被用在建筑物、死者、历史事实、囚犯——总之就是所有不能抗议滥用权力的东西身上，而这次我们会看到，俄国皇帝如何把一个不相识的亲戚强加给法国一个最著名的家族。

保罗一世在位的时候，有个叫洛弗尔的法国人，年轻，相貌堂堂，赢得了一个十分富有而且出身高贵的少女的芳心。她的家人反对这桩婚事，因为这个外国人无名无

1　约瑟夫·布拉默（Joseph Bramah，1748—1814），英国发明家，最重要的发明是水压机。

财。一对陷入绝望的恋人，不得已用了一个罗曼蒂克的办法。他们站在某条大街上，等皇帝经过时跪倒在他的脚下，请求他的保护。保罗不疯的时候脾气很好，他承诺让姑娘的家人同意这门婚事。要想得到他们的同意，毫无疑问，他有不止一种办法，其中就包括下面这种："卡明斯卡小姐将会嫁给拉瓦尔伯爵先生，"皇帝说，"他是一个年轻的法国流亡者，出身名门，而且相当富有。"

得到那样的赠予，年轻的法国人娶到了他心仪的对象。

为了证明君主的话是真的，拉瓦尔先生让人把他的纹章自豪地刻在公馆的大门上。

可惜，十五年后，有个蒙莫朗西·拉瓦尔先生在俄国旅行，偶然看到有扇大门上刻着他的纹章，一问才知道洛弗尔先生的故事。

在他的抗议下，亚历山大皇帝让人把拉瓦尔家族的纹章拿下来，洛弗尔先生家的大门因此而失去了荣耀。不过，这并没有妨碍他直到今天还在给彼得堡一幢漂亮的房子增光添彩。为了纪念保罗皇帝——对于他，的确应该恭恭敬敬，以示赎罪——那幢房子会永远叫作拉瓦尔旅馆。

去了科尔皮纳的第二天，我参观了画院，一幢华丽壮观的大建筑。到目前为止，它只收藏了很少的优秀作品。在一个年轻画家都穿着制服的国家，怎能指望会出现优秀的作品呢？我发现，画院招收的学生，衣着和管理都跟海军士官生一样。单是这件事就显出对于佯装赞助的对象的蔑视，或者更准确地说，对于艺术的本质及其奥秘的极端无知。承认不关心艺术倒也没那么粗鄙。在俄国，除了政府不在意的东西，没有什么是自由的。政府对于艺术简直是太在意了，但它不知道艺术是不能没有自由的，不知道单是天才的作品与人的独立性之间的统一性，就证明了艺术家的职业有多么崇高。

我仔细地看了很多画室，并发现了一些杰出的风景画家。他们的作品展示出想象力，甚至着色的技巧。我尤其喜欢一幅描绘圣彼得堡夏日夜晚的画作，作者是沃罗比约夫先生。它像自然一样美丽，又像真理一样充满诗意。这幅画让我想起了初到俄国的时候，夏日的夜晚不过是两种微光。那种连续不断的日光，就如一盏明亮的灯，蒙着薄纱，穿透了昏暗，那效果是好得不能再好了。我又看到了极光，与在其他地方看到的色彩很不一样。我最初看到它，是在波罗的海上。能像那样把这种特殊的自然现象准确地描绘出来，显示出很高的价值。

在俄国，人们认为布留洛夫[1]很有才华。据说他的《庞

1　卡尔·布留洛夫（Karl Bryullov，1799—1852），出生于圣彼得堡的俄国画家。

贝城的末日》甚至在意大利都引起了一点轰动。这幅巨大的油画现在成了俄国画派的荣耀——请读者不要取笑俄国画派这个说法。我看到有个沙龙，它的门上就刻着"俄国画派"几个字！布留洛夫绘画的用色在我看来不太真实，尽管不可否认，该主题有意隐瞒了这一缺陷，因为，谁知道末日那天庞贝城的建筑蒙上的颜色深浅呢？画家的笔触艰涩、生硬，但很有力量。他的构思既不缺少想象力，也不缺少独创性。他画的头像真实且富有变化。如果他懂得明暗法，总有一天他会配得上这里给他的名声，但就目前来说，他还缺少自然的风格，在用色、灵巧和优美方面还有缺陷。他的作品有一种野性的诗意，但总体的效果令人不快。他的风格不自然，尽管并不缺少某种高贵，这让人想起了大卫[1]画派的模仿者。在一幅圣母升天画中——那是我们在彼得堡不得不赞美的，因为它是著名的布留洛夫的作品——我注意到云彩沉重得可以把它们送去歌剧院代表岩石。

不过，在庞贝城那幅画中，有些头像还是显露出真正的才华。这幅画虽然就作品来说有毛病，但因为给人的印象深刻而会变得更加出名，因为它的主要缺陷在于用色。

1　雅克—路易·大卫（Jacques-Louis David，1748—1825），法国著名画家，19世纪初法国绘画界最有影响的人物。

据说这位画家自从回到俄国，就失去了对于艺术的热情。既然他不得不返回北方，我是多么同情他看到过意大利啊！他工作不努力；而且很遗憾，他急就的技巧在作品中表现得十分明显。只有靠勤奋的努力和劳动，他才能克服构图上的局促和用色上的粗陋。伟大的画家知道，要学会不用铅笔去构图，要学会靠颜色的层次变化和调色去作画，要学会在画面上清除掉自然中无论哪里都不存在的线条，要学会把技巧用得不露痕迹，总之，既要准确地描绘现实又要使之变得高尚，要学会这一点很难。

我听说他花在喝酒上的时间要远远多过他花在工作上的时间，但我更多的是同情他而不是责怪他。在这里，凡是能给人热量的东西都是好的。酒是俄国的太阳。如果说一个俄国人作为画家会更加痛苦，那这人就该移居国外。一年中有三个月昏天黑地，而且那里的雪比太阳还耀眼，对于画家来说，这样的一个地方难道还不是流放地吗？

靠努力复制这些纬度下大自然的神奇之处，少数的人物画家可能会在艺术殿堂上为自己赢得一席之地，但历史画家应该逃离这种气候。彼得大帝是徒劳的；大自然永远都会限制人的想象，即使有二十位沙皇的敕令证明那些想象是正确的。

我看到布留洛夫的一幅作品，那真的是令人钦佩。它无疑是彼得堡所有现代绘画中最优秀的作品，尽管它实际上不过是《雅典学园》这幅古代杰作的复制品，而且与原作足足一样大。[1] 当一个人知道如何像那样复制拉斐尔的一幅也许是除了圣母像之外最不可模仿的作品时，他应该回到罗马，在那里学着画出比《庞贝城的末日》和《圣母升天》更好的作品。（作者附释：布留洛夫先生模仿了拉斐尔的几幅作品，但这里提到的那幅让我觉得特别美。）

在极地附近对艺术不利，唯独诗是例外。因为诗有时除了人的心灵之外，不需要任何材料；人的心灵可以说是冰层下的火山。但是，对于这些气候恶劣的地方的居民来说，像音乐、绘画、舞蹈这些给感官带来愉悦的东西，全都部分地不依赖于心灵；它们在失去其器官的同时也失去了魅力。假如伦勃朗、科雷吉欧、米开朗琪罗和拉斐尔被关在黑屋子里会怎么样？北方肯定有它自己的美，可它依然是一座没有光的宫殿。一长列充满吸引力的年轻人，连同他们的娱乐、他们的微笑、他们的风度以及他们的舞蹈，都属于那些幸运的地区。那里的阳光不满足于掠过大地的表面，还从天上照透它，让它的怀抱变得温暖而丰饶。

在俄国，所有事物都笼罩着双重的忧郁——对权力

1　拉斐尔的壁画《雅典学园》宽 5 米，高 7.7 米。

的恐惧和对太阳的需要。那里的民族舞蹈就像在永不消逝的微光下跟在影子的后面转圈。在彼得堡，塔里奥尼小姐本人（唉！虽然是塔里奥尼小姐！）并不是完美的舞者。对《仙女》来说是怎样的一种堕落啊！[1] 但是，当她走在街头——因为她现在步行——身后跟着几个有漂亮帽章和金色饰带的仆人；每天早晨，她都会淹没在报纸上连篇累牍的、我所见过的最荒谬的颂词中。俄国人虽然很聪明，但他们能为艺术和艺术家做的只有这些。后者缺的是能够给予他们生命的天堂，是能够理解他们的公众，是能够刺激他们并给他们带来灵感的交往。这些是必需品，而奖赏则可有可无。然而，在一个与拉普兰相邻并且是按照彼得大帝的体制治理的国家，这些东西是找不到的。我必须等到俄国人在君士坦丁堡安顿下来，才能知道他们在艺术和文明方面实际上能做什么。

赞助艺术最好的办法，是真诚地想要得到它所带来的愉悦感。一个达到这种文明程度的民族，不会长期地被迫在外国人当中寻找艺术家。

---

1 玛丽·塔里奥尼（Marie Taglioni, 1804—1884），出生于瑞典的芭蕾舞者，成名于巴黎歌剧院。当时她的父亲、意大利编舞菲利普·塔里奥尼为她创作了两幕芭蕾舞剧《仙女》（La Sylphide）。用足尖跳舞在剧中第一次成为审美的选择而不仅仅是一种特技。1837 年，塔里奥尼前往圣彼得堡，加入皇家芭蕾舞团，并获得极大的成功。

我离开圣彼得堡的时候，有几个人正暗地里谴责消灭东仪天主教会信徒的做法（作者附释：东仪天主教会的信徒是重新加入天主教会的希腊人，因此也被希腊教会看作分裂主义者），并历数用来完成这种被希腊教会吹嘘为凯旋的反宗教行为的种种专横的举措。哪怕是最冷漠的人，也会认为东仪天主教信徒中许多神父遭受的不为人知的迫害是令人反感的；但是，在一个幅员辽阔和保密习惯可以为最暴虐的行为提供帮助的国家，所有这些暴力行为仍然不为人知。这让我想到了被剥夺了保护者的俄国人经常重复的那句意味深长的话："天主那么高，皇帝又那么远！"

因此，在这里忙于制造殉道者的是希腊教会。它在不了解东方的人们面前吹嘘的宽容哪去了？光荣的天主教信仰的圣徒们，此刻正在修道院的监牢里受苦。而他们在上天眼里可敬的斗争，就连他们为之慷慨奋斗的尘世的教会都不知情。那个教会是所有的教会之母，也是唯一的普世教会；因为它是唯一没有被地方性玷污的教会，唯一保有自由并且不属于任何特定国家的教会。（作者附释：把这些不幸的人们的呼喊传到罗马，不是用了三年吗？）

当公众的关注像太阳一样在俄国升起的时候，会揭露多少不义之事啊！会让世人震惊的，不但有古代的，还有如今每天都在做的。世人无论受到多大的震动也不够，因为真理在尘世的命运就是如此，只要人们怀着强烈的兴趣想要知道它，他们就对它一无所知，而当他们终于睁开眼睛的时候，它对他们已经变得不再重要。一个被毁灭的政权的种种弊端只会激起冷漠的惊叹，而那些描述它们的人则被当成心胸狭隘的鞭尸者。另一方面，只要这种邪恶的政权还没有垮台，它就会小心地隐瞒自己的暴行。因为它首要的目的就是捂住受害者的嘴，不让他发出声音。它彻底地消灭，但避免轻微的伤害；它夸奖自己的仁慈，因为它只采取一些绝对必要的残忍的做法。但它的吹嘘是虚伪的。当监狱像坟墓一样封得严严实实、没有一点声音的时候，根本不存在可以使人免于被送上断头台的仁慈。

我离开法国，是因为被虚假的自由的种种弊端吓坏了；我回到祖国，是因为我相信，代议制政府即使从逻辑上来讲不是最合乎道义的，实际上也是最明智和温和的；它一方面可以保护人民免受民主政体的放纵之害，另一方面可以保护人民免受专制政体最明显的弊端之害。所以我反躬自问，我们是否不该对自己反感的事情保持沉默并毫无怨言地忍受一种必要的政体，因为这种政体不管怎么说，给准备好接受它的各民族带来的好处要大于坏处。的确，到现在为止，这种明智的、新的政府形式的建立，只能靠篡夺。这些最终的篡夺行为之所以不可避免，也许是因为之前所犯的错误。这是个宗教问题。这个问题会由神意在尘世最有智慧的执行者，也就是时间，为我们的后人解决。这里我想到一个最开明、最有教养的德国才子瓦恩哈根·冯·恩斯先生[1]的话：

"我常常苦思冥想，"有一天，他写信对我说，"想要发现谁是革命的主要原动力；经过三十年的思考，我终于得出结论，认为我最初的看法是正确的：革命是由革命的矛头所指向的那些人引发的。"

我永远也忘不了从涅曼河来到蒂尔西特[2]时的心情，尤其是我在那里时对吕贝克店主人的话深有感触。逃离樊笼的鸟儿快乐到极点。我满心欢喜，大喊：我可以说话了，我可以想到什么就写什么了，我自由了！我寄往巴黎的第一封真正的信就是从这个边境寄出的。它将在我小小的朋友圈引起相当大的轰动。他们在收到它之前，无疑都被我冠冕堂皇的通信欺骗了。那封信抄录如下：

蒂尔西特，周四，1839 年 9 月 26 日
我希望您在读到上面的日期时会像我在写的时候一样非

---

1 卡尔·奥古斯特·瓦恩哈根·冯·恩斯（Karl August Varnhagen von Ense, 1785—1858），德国作家、外交官。

2 蒂尔西特（Tilsit）是德语地名，该地现名苏维埃茨克（Sovetsk），位于俄罗斯加里宁格勒州东北与立陶宛交界处的涅曼河南岸。

常高兴。我在这里已经到了那个千篇一律、谨小慎微而且困难重重的帝国之外。我听到了自由的语言，我感觉好像卷入了一个快乐的漩涡，一个被新思想带向极度自由的世界。然而，我只不过是在普鲁士。但是，在离开俄国之后，我又看到了不是按照头脑僵化的主人给奴隶的命令规划的，而是随意建造的房屋。我看到了一个自由地发展起来的充满生气的国家（我说的是普鲁士），而这种变化给我的心灵带来了温暖和快乐。

总之，我可以呼吸了！我可以在给您写信的时候不用因为担心警察而小心翼翼地注意措辞了——这种措施几乎总是做得不够，因为俄国人的刺探活动，既出于政治上的谨慎，也出于自恋引起的过敏。俄国是最阴郁的国家，却居住着我所见过的最英俊的男人：一个很少看到女人的国家不可能是快乐的。我在这里，逃离了那个国家，而且没出一点事故。我在四天内走了二百五十里格，走的路时好时坏；因为俄国人虽然喜欢一致，却不可能真的做到井井有条。俄国人行政管理的特点是好干预、马虎和腐败。在沙皇帝国，诚实的人会被当成傻子。

现在，在到达柏林之前，我还有两百里格的行程；但我盼望它，只当是一次愉快的远足。

一路上到处都是好的道路，好的客栈，可以在上面躺下来的床，被女人收拾得干干净净的住宅——一切都似乎既新鲜又令人高兴。给我的印象尤其深刻的是富有变化的建筑式样，农民身上自由的神态，以及他们当中女性快乐的样子。他们的好心情引起我的担忧：那是一种独立的生活方式，它的后果是我为他们担心的，因为我自己几乎已经失去了对它的记忆。我看到了在任何政府想象出它们的规划之前就自发建立的城市。普鲁士公爵领地肯定没有被当作放纵之地，然而在经过蒂尔西特以及后来的柯尼斯堡街头的时候，我以为自己是在参加威尼斯狂欢节。我的心情让我想起了一个相识的德国人，他因为生意不得不在俄国生活了几年，之后终于能够永远地离开那个国家。他由一个朋友陪着；刚一踏上即将起锚的英国轮船的甲板，他就扑到朋友的怀里，大喊，"赞美天主，现在我们可以畅快地呼吸了，说话也不用再遮遮掩掩了！"

毫无疑问，很多人都有过同样的感觉。但是，为什么之前没有旅行家把它记录下来？在这里，我很惊讶——但不理解——俄国政府对心灵的影响。它得到的不仅是自己臣民的沉默——那算不了什么——还有逃脱了它铁的纪律的外邦人的尊敬，哪怕是隔了相当的距离。旅行家要么称赞它，要么保持沉默。这一点令人费解，我怎么也搞不懂。如果这篇游记的出版能让我得到对这件不可思议的事情的解释，我就更有理由为我的诚实喝彩了。

我原本打算从彼得堡经维尔诺和华沙返回德国，但我改变了主意。

像波兰遭遇的那些苦难，不能完全归结为命运，因为在漫长的不幸中，我们总是既可以看到形势，也可以看到缺陷。在某种程度上，各个民族就像个人一样，乃是自己命运的同谋。它们对于自己遭受的厄运和接二连三的打击，似乎难辞其咎。因为在细心的人看来，命运不过是性格的发展。在意识到一个受到如此严厉的惩罚的民族因为所犯的错误而造成的后果时，我免不了会作一些令自己感到懊悔的反思。在压迫者面前为他们辩护，是我们应该承担的一项任务，而且应该带着某种喜悦之情。支撑这种喜悦的，正如我们应当感受到的那样，是履行一项危险的，至少也是痛苦的义务时，所怀有的勇气和慷慨。可是，伤害受害者的心灵，在精神上践踏被压迫者，哪怕是用该受的打击和指责，也依然是刽子手的行径，作者决不会把自己贬低到那样的地步。

这就是我放弃取道波兰的原因。

第三十六封信

埃姆斯，10 月 22 日

回到埃姆斯·莱茵河附近的秋色·俄德两国景色的差异·永葆青春的灵魂·对憎恨世人的解释·旅行家在描写俄国时犯的错误·俄国之行梗概·对俄国及俄国人的最终描绘·他们政体的秘密·基督教会一瞥·作者的任务·在俄国提到希腊宗教的风险·西班牙与俄国的相似之处

　　五个月前，我离开埃姆斯前往俄国，周游几千里格，之后又回到这个优美的村庄。春天的时候，我在这里住得并不惬意，原因是泳者和酒徒太多。现在，我觉得它非常怡人，因为毫不夸张地说，此地只我一人，无所事事，唯有享受秋天山中美丽的天空——我喜欢群山的寂寥——一边寻找在那场刚刚结束的匆促的旅行之后所需的宁静，一边回首往事。

　　眼前的对比是多么强烈啊！在俄国，我看不到任何自然的景色，因为荒凉得什么美如画的东西都没有的地方不能叫作自然，比如大海、湖泊、与岸平齐的河流，以及昏暗的天空下一望无际的沼泽和光秃秃的干草原。实际上，那些平原并非没有某种美丽，但缺少优美的壮观很快就使人疲劳了。在穿越一处处巨大的、其表面及地平线上始终没有一点特色的空间时，旅行家能有什么乐趣？如此单调，而且毫无收获，加剧了旅行的疲惫。旅行的享受总有很大部分来自惊喜，因此，为了让旅行家始终充满热情，就必须提供大量的刺激，使之觉得有希望发现惊喜。

晚秋时节，我在一处五颜六色的美丽的乡村，找到了真正幸福的感觉。闲逛时的快乐无以言表，有那么一会儿我还在茂密的森林中迷了路，因为那里阵阵的落叶撒落在地上，抹去了小径的痕迹。我想起勒内的描写；我如同从前读到自然与人的灵魂那段悲伤而庄严的对话时一样怦然心动。那篇充满宗教精神的抒情散文对我的影响丝毫没有减弱。我惊讶于自己是如此容易动情，暗想：青春确实永远都不会终结！透过染上初霜而显得发亮的树叶，有时能看到朦胧的兰河河谷，紧邻欧洲那条最美丽的河流。我非常喜欢这片优美、宁静的风景。

作为莱茵河支流的河床，这些深谷的景色千变万化，而伏尔加河上的景色却彼此相似。这里因为把深谷分开而被称为大山的那些高原的外观，总的来说冷淡而单调，但在见识过俄罗斯帝国的沼泽之后，这种冷淡和单调也意味着阳光、生命和运动。因为明亮的阳光在北方地貌的表面洒满了南方的欢乐，枯燥的轮廓和断断续续的生硬的线条也都消失在秋天的薄雾中。

秋天的森林特别安静，与田野中忙碌的景象形成了鲜明的对比。田野中，因为得到这平静的预兆的警告，人们正在加紧忙完农活。

这个富有教益的庄严的场面——世界存在，它就存在——让我觉得仿佛初见或者再也不会见到它一样十分有趣。理智的生活不过是一连串的发现。在灵魂还没有把精力浪费在世人习惯性的装模作样的时候，它仍然拥有不知疲倦的惊异与好奇的能力。新的力量总在促使它做出新的努力。它不再满足于今生，而是呼唤并忐忑不安地期待无限。它的思想已经成熟，但不会继续走向腐朽。正是这一点向我们表明，在可见的事物之外还存在着什么。

激情让我们的生活多姿多彩。能够被强烈地感受到的东西永远都像是新的。语言也有几分这种永远保持新鲜的特点。每一种新的热爱都将其特有的和谐传递给用来表达它的话语。因此,正是生动的文风成了检验观点新颖性——也许我应该说观点的诚实性——的最可靠标准。如果思想是借用别人的，那其来源就会被小心地隐藏起来，但语言的和谐不会骗人，那可是确凿的证据，可以证明灵魂的易感性。不由自主的发现直接由心灵迸发出来，并直接说与别的心灵。艺术只能提供不完美的发现，因为发现来自情感。总之，这种言说的音乐超越了它所传递的思想，同时它也体现了那些思想模糊的而且是不由自主的扩展。桑夫人[1]之所以在我们中间声名鹊起，原因就在这里。

对于独处的神圣的爱，你才是精神生活真正必需的东西！世界如此虚妄，热爱真理的心灵定然不喜欢与之交往。憎恨世人是一种遭到恶意中伤的情感，它憎恨的其实是谎言。根本就没有憎恨世人的人，只有宁可逃避也不弄虚作假的灵魂。

独自与主在一起，受内在的诚实性的影响，人会变得谦卑。他在隐遁中用静默与沉思为世俗幽灵所有得逞的骗局赎罪，为他们洋洋自得的口是心非赎罪，为他们的虚荣赎罪，为他们隐秘而且往往得到奖赏的背叛赎罪。他既不会受骗，也不愿骗人，于是便自愿做了牺牲，像上流社会的廷臣用心展示自己一样用心隐藏自己。圣徒生活的秘密无疑便是如此。秘密容易看透，但生活很难模仿。假若我是圣徒，对于旅行我将不再好奇，也不会再有讲述旅行中见闻的欲望。我在寻找，而圣徒已然找到。

1　乔治·桑（George Sand, 1804—1876），欧洲浪漫主义时代最著名的法国作家之一。

在那样寻找的时候，我全面考察了俄罗斯帝国。我原本希望看到一个平静的国家，那里的政权对自己的力量充满信心。可到了那里，我看到的只是靠恐惧维持的沉默。我从中得到的教训与我本来寻找的大相径庭。俄国这个地方外国人知之甚少。俄国人在逃离自己的祖国时，一俟离得远了，便对它大唱赞歌。为我们描述过它的大部分旅行家，一直不愿意从那里发现除了他们要去找到的东西之外还有什么。如果在证据面前还固执己见，那旅行的好处在哪里？如果像那样执意按照自己希望的方式看待各个民族，那就没有必要离开自己的祖国。

下面就是此行的梗概，是我在回到埃姆斯之后写的。

在俄国，眼睛所看到的一切，周围所发生的一切，都带有惊人的规律性。在思考这种具有对称性的体制时，旅行家头脑中首先想到的是，如此彻底的整齐划一，与人的天性如此相悖的规律性，除非是靠暴力，否则不可能确立，也不可能维持。想象力徒劳地乞求一点变化，就如鸟儿用翅膀徒劳地扑打鸟笼。在这样的体制下，人从生下来就知道，直到最后，他将看到的和要做的都是些什么。这种刻板的暴政，按照官方说法，叫作对统一性的尊重和对秩序的热爱。它是专制结出的果实，而这个果实对于凡事都喜欢井井有条的人来说非常宝贵，不管为之付出怎样的代价都不算高。

在法国的时候，我曾以为自己也主张采取严格的纪律。可是，自从我见识过全帝国都实行军事统治的专制制度之后，我承认，我宁可稍微有点儿混乱，也不要会把生活毁掉的完美的秩序，因为混乱说明还有活力。

在俄国，政府干预一切，但并没有给什么带来活力。在那个巨大的帝国，民众即便不是平静的，也是无声的；死神在所有人的头上盘旋，随心所欲地予以打击。那里的人有两副棺材，摇篮与坟墓。俄国的母亲与其为孩子的死哭泣，莫如为孩子的生哭泣。

我觉得那里自杀的现象并不多见。民众受的苦太多，反倒不会自杀。人的性情是多么奇怪啊！当恐怖主宰了他的生活，他不会寻死，因为他已经知道，死是怎么回事。（作者附释：狄更斯在提到费城实行单独囚禁的监狱时说："犯人中很少有人自杀。实际上，这种事情几乎就没有听说过。但并不能据此得出结论，说这种制度是合理的，尽管经常有人竭力主张这种看法。凡是研究过精神疾病的人都非常清楚，如此极端的、足以改变人的整个性格并使人完全丧失适应能力和自我抵抗能力的压抑和绝望，会在人心中起作用，不过在快要自我毁灭的时候就突然停下了。"——《美国游记》。我引用的这位伟大的作家、思想深刻的道德家和代表基督精神的哲学家不仅才华出众、文风隽永，他对这个问题的看法也可以说是如定律一般。）

但是，在俄国，自杀的人即便很多，也没有人会知道。知道有多少人自杀，这是俄国警察的特权。我不知道皇帝看到的数字是否准确，但我的确知道，在他的统治下，任何不好的事情都不会公开，除非是他同意，屈尊承认天主的优越性。专制主义傲慢到想要争夺天主权力的地步。这样的嫉妒心理是何等荒谬！让君主和臣民陷入什么样的精神错乱！把偶像崇拜当作宪法的基本原则，在这样一个国家，谁还敢热爱真理，谁还会维护真理？一个无所不能的人，其实就是戴上皇冠的谎言的化身。

有人会以为，我现在说的不是尼古拉皇帝，而是俄国的皇帝。我们经常听说，他的权力受到风俗习惯的制约。我得到的印象是他滥用权力，而且无药可救。

我承认，在真正善于治国的人和所有讲究实际的人看来，法律并不像我们严谨的逻辑学家和政治哲学家想象的那么重要，因为决定民众生活的是法律实施的方式。的确如此，但俄国民众的生活比欧洲其他任何一个民族都更加令人沮丧。而且当我说民众的时候，我说的不仅仅是依附于土地的农民，还包括整个帝国。

一个自称充满活力的政府，一个时刻都令人害怕的政府，不可避免地会使人痛苦。凡是公共机器严苛的地方就有专制，而不管掩饰专制的是什么样的谎言，是君主制的还是民主制的。最好的政府是让人最感觉不到的政府。可要想实现如此轻微的统治，只有靠天才和较高级智慧的努力，或者把社会的纪律放松一点。在各民族的青春期，政府是有益的，这时候人们仍然属于半开化的人，尊重所有使其摆脱混乱的东西。当社会到了老年，政府又一次变得有益了，那时就会出现混合制度。但这些以经验与激情的结合为基础的制度，只适合已经感到疲惫的人们，只适合因为一次次革命而渐渐丧失活力的社会。由此可以得出结论，它们即便不是最有力的，也是最温和的政治制度。曾经拥有过它们的民众，为了延长其持续的时间，无论怎样用心都不为过，因为那是生气勃勃的老年持续的时间。国家的老年，犹如人的老年，是生活最平静的阶段，此时乃是一生光荣的顶峰。但是，一个民族的中年总是充满磨难和暴力，而俄国正在经历这一时期。

在这个与众不同的国家，大自然本身就是那个把统一性奉若神明因而杀死了自由的人的一个任性妄为的帮凶。大自然也是千篇一律。在俄国北部的广大地区，稀稀拉拉地散布在永远要么是沙地要么是沼泽的平原上的两种树木，桦树和松树，成了大自然唯一的地貌特征。

一年中有三个多月享受不到乡村的乐趣——虽然乡村也不怎么样——在这样的气候下，还能到哪里躲避社会的罪恶？不仅如此，在冬季最寒冷的六个月，他们白天呼吸自由的空气不敢超过两个小时。这就是上天给这些地区的人安排的命运。

让我们看看人为自己做了什么。圣彼得堡无疑是世界的一大奇迹，莫斯科也是一个非常别致的城市，但外省的面貌如何呢？

我在各封信中描写了因为统一性的泛滥而造成的过度的整齐划一。一切都显得缺少灵魂。你走的每一步都向你证明，你置身于一个丧失了独立性的民族当中。每隔二三十里格，就会有同样的小城映入眼帘。

在一个寒冷、多雾并且经常因为风暴侵袭而导致大地冰封的国家，君主与臣民对于古典建筑，对于直线、低矮的房屋以及宽阔的街道的喜爱，与自然法则及生活的需要格格不入。旅行中我一直弄不明白，在一个与古典建筑的发源地差别那么大的国家，人们为什么会有这种狂热。有可能俄国人和我一样，对此也无法解释，因为他们不但对自己的行为做不了主，对自己的趣味也做不了主。像他们所谓的美艺术，就如同军事演习一样，是强加给民众的。

兵团及其注重细节的精神，是俄国社会的模板。

高耸的护墙，巍峨而拥挤的大建筑，以及弯弯曲曲的中世纪城市的街道，要比滑稽的仿古建筑更适合俄罗斯的气候和习俗，但俄国人在治国方面，极少考虑自身的需要和传统。

当彼得大帝在从鞑靼地方到拉普兰的广大地区颁布其文明法令的时候，中世纪的创造物在欧洲早就过时了；而俄国人，就连那些被称为"大帝"的俄国人，除了跟风之外，根本不知道怎么做。

这种模仿的癖好与我们认为他们具有的野心格格不入，因为人控制不了他模仿的东西，但是在这个肤浅的民族的性格中，一切都是矛盾的。另外，缺少发明创造的能力也是他们独有的特色。要发明创造，就必须有独立性。对他们而言，模仿可被看作是完全渗透在他们激情当中的事情。即便他们希望登上世界舞台，那也不是为了发挥自己拥有的能力——能力的萎靡令他们备受折磨——而只是为了影响一些著名的共同体的历史，因为他们毫无创造力。比较是他们的才能，模仿是他们的天赋。他们天生就善于观察，而且只有在模仿别人的创造物时才觉得得心应手。他们拥有的这种独创性在于仿造的才能，而他们拥有的仿造的才能，比其他任何民族都要充分。他们唯一原始的才能就是复制外国人的发明创造。他们在历史上就像在文学上一样，会成为能干的翻译家。俄国人的任务是把欧洲的文明翻译到亚洲。

在各民族当中，模仿的才能可以变得有用，甚至令人钦佩，前提是它发展得比较晚；如果在其他才能的前面发展起来，那它就把它们全毁了。俄国是模仿家的社会。现在，除了模仿之外，别的什么事也做不了的人，必然会变得滑稽可笑。

为欧亚间四百年的差距而迟疑不决的俄国，到现在也没有在才智方面留下什么优异的作品，因为它的民族特色在借来的饰物下都消失了。

它拥护希腊教会的分裂而脱离西方，但是在几百年之后，又抱着矛盾且盲目的自恋心理，回过头来要求得到各天主教民族的文明，而那是一种完全从属于政治的宗教令其丧失了的文明。这种拜占庭式的宗教出自宫廷，是为了维持军营里的秩序，而不是响应人类灵魂最崇高的需要。它帮助警察欺骗民众，但它的力量也就到此为止。

它预先就使民众配不上他们所渴望的文化。

宗教要有活力，教会就需独立。一个民族最高贵的能力，即信仰能力的发展，取决于给人传达天启之人的尊严。宗教的执行者蒙羞，是异端邪说制造的头一样惩罚；结果，凡是坚持分裂的国家,神父都受到民众的鄙视,尽管他们受到君主的保护,或者更准确地说,正因为受到君主的保护。明白自己是自由的人,永远不会从心底里服从没有独立性的神职人员。

用不了多久,人们就会承认,在宗教问题上,保证牧人的自由甚至比让羊群获得自由更重要。

大众永远服从为其指点迷津的人。不管是神父、医生、诗人、贤人还是暴君,他们都控制着民众的头脑;因此,对于群众来说,宗教自由是一种妄想;但正因为如此,负有为他们履行司铎之职的人应该是自由的这一点,才越发显得重要。现在,除了天主教的,世上就不存在独立的司铎。

有奴性的牧师只能指引贫乏的头脑。希腊神父永远只能教导一个民族匍匐在暴力面前。所以,请不要问我,俄国人为什么会没有想象力,以及他们为什么只能笨手笨脚地模仿。

在西方,当野蛮人的后代抱着带有几分崇拜的敬意研究古人的时候,他们改变他们,占有他们。谁能在但丁身上认出维吉尔,或者在塔索身上认出荷马,或者在封建法典中认出查士丁尼一世与罗马法?那时对于过去的尊崇,非但没有扼杀天赋,反而唤醒了天赋,可俄国人利用我们的方式却不是这样。

当一个民族模仿其他社会的社会形式，却没有领会使其充满活力的精神时；当他们不是从为人类制度奠定基础的古人那里，而是从他们嫉妒其财富但又不尊重其性格的外邦人那里寻找文明的教训时；当他们的模仿充满敌意，却又具有幼稚的精确性时；当他们甚至连服装的式样以及家庭生活的形式本身都抄袭自己假装鄙视的邻人时，他们便成了纯粹的回声和倒影，他们不再为自己活着。

中世纪的社会可以崇拜古代，而不会有模仿它的危险；因为创造力一旦拥有，就不会失去，不管人会把它派上什么用场。十五世纪的博学展示了多么丰富的想象力啊！

对榜样的尊重是具有创造力的天赋的标志。

因此，在西方，文艺复兴时期对于古典作品的研究，差不多只影响了美文学和美艺术。工业、商业、自然科学及精密科学的发展，都只是现代欧洲的功劳；它从自身的资源中汲取了这些东西的几乎所有的质料。它对异教徒文学长期抱有的迷信般欣赏的态度，并没有妨碍它的政治、宗教、哲学、政府形式、战争方式，它的荣誉观念、风俗、精神、交往习惯都带有自己的特色。

唯有新近才开化的俄国，因为其首脑缺乏耐心而未曾经历必要的发酵过程，也未曾享受到缓慢而自然的文化的好处。

塑造一个伟大的民族，并使其适于统治的内在的劳作一直是欠缺的。这个民族会永远感受到这种缺少体面生活的影响，因为体面生活是政治觉醒的时代标志。人的精神承担追求独立的全部责任的那个艰苦的时期，也就是青春期，对于他们来说已经逝去了。他们的历代君主，尤其是彼得大帝，对于时间毫无敬意，强行让他们一下子从婴儿状态进入成年状态。刚刚摆脱异族的压迫，对于他们来说，举凡不是蒙古人的东西似乎都意味着自由。就这样，他们高兴得太早了，把合法的君主强加给他们的奴役当成了解放。民众已经被奴隶制损害了尊严，只要他们的暴君起的是俄国人而不是鞑靼人的名字，就觉得足够幸福、足够独立了。

这样一种错觉的影响还在。思想的独创性在这片土地上是看不到的。这片土地上的后代，经过训练已经适应了奴隶制，即便在今天，也只认真吸收了两种情感，恐惧和野心。对于他们来说，时尚只是在公众场合戴上的精致的锁链而已，此外还能是什么？俄国人的礼貌，不管装得有多好，更多是仪式性的而不是自然的。因为温文尔雅之花只会绽放在社会之树的顶端。这种植物不能嫁接；它必须自己生根，而且花梗就像芦荟的一样，要经过几百年的时间才能窜高。在社会土壤的上层生长出真正有礼貌的人之前，许多代的半野蛮人必须死在那片土地。许多充满回忆和联想的时期，对于一个开化的民族的教育来说必不可少。只有有教养的父母生出的孩子，头脑才可以很快成熟，快得足以理解礼貌所包含的全部现实。这是对自愿做出的牺牲的一种秘密的交换。再没有什么比完美而优雅的举止所依据的那些原则更微妙，或者也可以说更合乎真正的道德了。为了经得起激情的考验，这样的礼貌绝不可以与高尚的情感截然分开，而要获得高尚的情感，单靠个人是不行的，因为早期的教育对于心灵的影响尤其重要。一句话，真正的温文尔雅是一种传承。不管现在这个时代多么看轻时间的意义，自然在其作品中都非常看重时间的价值。从前，某种高雅的趣味成了南方俄国人的特色，而且由于基辅的君主在最野蛮的时代与君士坦丁堡保持交往，热爱艺术的风气在斯拉夫帝国那个地区非常盛行。同时，东方的传统也在那里的艺术家及工匠当中保留了某种伟大的情感和灵巧。但这些优点，这些在古代通过与一个继承了古典文明的先进民族的交往而结出的果实，在蒙古人入侵期间丢失了。

那个危机迫使原始的俄国忘记了它的历史。奴隶制贬低人的方式容不得真正的礼貌。真正的礼貌与奴性格格不入，因为它表现的是最高尚、最体贴的情感。这么说吧，只有当礼貌变成整个民族的通货，这样的民族才可以说是开化的。那时，人的天性中的粗野和残忍，从摇篮期开始，就会遭到每个人家庭教育的遏制。人的后代并不富有同情心。如果在生命初期不扭转其残忍的倾向，他永远不会真正懂得礼貌。礼貌不过是用于日常交往的关于怜悯的规范；这种规范尤其主张要怜悯因自恋而带来的痛苦。它也是到现在为止所能找到的用来矫正自我主义的最一般、最合适和最实际的办法。

所有这些微妙的形式，作为时间所造就的自然的结果，现在的俄国人还不懂，不管他们自诩如何。他们对萨莱似乎比对君士坦丁堡记得还清楚；而且除了少数的例外，他们依然只是精心打扮的野蛮人。他们如同肖像画，画得很差，但装饰得很漂亮。

过去，正是彼得大帝以一个没有受过教育的天才的极度鲁莽，以一个被认为无所不能因而越发没有耐心之人的极度轻率，并以一个具有钢铁般意志之人的极度执着，试图移植已经成熟的欧洲文明，而不是在他自己的土地上播种并等待其慢慢生长。那个被捧得过高的人做了件纯粹人为的事情。这件事也许令人惊讶，可是，凭借他野蛮的天赋所做的好事是短暂的，所做的坏事却无法弥补。

成为影响欧洲政治的力量对俄国有什么好处？虚假的

利益！徒劳而愚蠢的激情！俄国真正的利益在于，确立自身生活的原则，并发展那些原则。因为一个民族如果除了服从之外，自身什么原则也没有，那它是不能生存的。我说的那个民族被安排在窗口的位置；它朝外看着，听着，感觉像在见证某场表演。这种把戏何时会停下来？

俄国该做的不只是停下来，而是重新开始。但是，这样一种努力能行吗？能把如此庞大的建筑拆掉重建吗？这个帝国最近的文明进程，虽然完全是人为的，但已经产生了实实在在的结果，靠人力根本无法消除的结果。在我看来，如果不考虑现在，那就无法掌握民族的未来。但是，当现在和过去已被粗暴地分开的时候，它只会招来灾祸。为避免那种灾祸而迫使俄国重视自身古代的历史——那不过是其早期性格的产物——从今往后，将会成为受命统治这片土地的人的一项吃力不讨好的工作。这项工作与其说辉煌，不如说有用。

尼古拉皇帝这个完全是民族的并极为注重实际的天才已经意识到这个问题，可他能解决它吗？我想不能；他让人做得不够多——他自己承担的太多，而交给别人的太少，因而不能成功。因为在俄国，最不受约束的意志并没有强大到能做好事的地步。

在这里，人类之友要与之斗争的不是暴君，而是暴政。

把帝国的苦难与政府的败坏归咎于皇帝是不公平的。单个人的力量无法胜任强加于君主的工作，让他一下子要用人道的方式统治一个没有人性的民族。

只有去过俄国并且近距离地看到过事情在那里是如何处理的人，才能明白这个据说无所不能的人能做的其实很少，尤其是在想要做好事的时候，他的力量多么有限。

彼得一世工作的不良后果，在一个女人伟大的或者更准确地说漫长的统治下，变得更加严重。这个女人对自己臣民的统治，只是为了自娱并让欧洲感到惊讶——欧洲，总是在说欧洲！——从来不提俄国！

彼得一世和叶卡捷琳娜二世给了世界一个大而有用的教训，必须为之付出代价的则是俄国。他们向我们表明，专制从来没有像它假装行善时那么可怕，因为此时它觉得，动机可以为哪怕是最可恶的行为辩解，于是，被当作救世良方的罪恶便不再有任何限制。公开的罪恶只能得意一时，可虚假的美德却会把各民族有识之士永远引向歧途。人们被罪恶华丽的饰品，被某些用结果来证明其合理性的罪恶之重大蒙蔽了双眼，最终相信有两种罪恶、两种道德，相信必然性，或者按照以前的说法，相信国家利益可以为高级的罪行开脱，只要他们的管理能让暴行符合国家的激情。

见识了以秩序之名行压迫之实，公然的、公开的暴政几乎不再会让我觉得可怕。专制的力量在于专制君主的面具。如果君主再也无法撒谎，那民众就自由了；因此，在这个世界上，除了说谎，我看没有别的罪恶。如果你所畏惧的只是暴力的、公然的专制权力，那就去俄国；在那里，你将首先学会害怕的就是虚伪的暴政。我不可以否认它；当初意识到它的时候，我还没有旅行归来时的想法。所以，无论如何我都免不了它给我带来的麻烦。如果说我把它说出来，变成文字，这样做恰恰是因为它在几个关键的地方改变了我的看法。凡是读过我写的东西的人都了解那些看法，可我看法的变化他们不知道，所以我有责任把它公之于众。

起初我并没有打算写我最后的这段旅程。我的方法很累人，因为要在晚上为我的朋友们检讨这一天想到的事情。在忙于这项带有私下交流性质的工作时，公众在我的思想中显得很模糊，我几乎意识不到其存在。这一点从我发表的通信中保留的那种亲昵、熟稔的语气就可以看出来。

我一度满心欢喜，以为这次可以只为我自己旅行，以为借此可以安安静静地观察，但俄国上上下下对我抱有的成见，让我看到了自己受到重视的程度，至少是在彼得堡受到重视的程度。"您对我们有什么看法，或者更准确地说，您会怎么说我们？"与我的所有交谈都起源于这个问题。他们让我摆脱了无所作为的状态：由于冷漠或者胆怯，我过去表现得比较谦恭，因为巴黎把那些它没有使其变得特别自以为是的人都变得谦卑了。但是，俄国人难以餍足的自恋心理让我自己也恢复了自恋。

导致我做出新的决定的，是持续而明显的幻灭。毫无疑问，失望的根据肯定是充分而有力的，结果，哪怕是在参加平生所见最为华丽的庆典时，我的心中也充满厌恶，虽然俄国人非常好客。不过，在他们不停地向我们示好的时候，我一眼便看出，那更多地是想卖弄而不是因为真正的热情。热情友好，俄国人不懂。那是他们没能从自己的德意志邻居那里学到的东西。他们让你一刻也得不到消停；他们分散你的思想；他们占去你全部的注意力；他们用过分殷勤的礼貌让你不堪其扰；他们问你如何打发时间；他们用只有他们自己清楚的胡搅蛮缠来烦你，并用一个接一个的庆典不让你看到他们的国家。他们甚至还发明了一种法语的说法（"给外国人戴上花环"），用来表示这些假礼貌的策略。只可惜他们碰到的这个人，他一向觉得参加庆典不但不是消遣，还很累人。但是，在意识到无法直接影响一个外邦人的思想之后，他们便采取间接的手段，在开明的读者当中质疑其叙述的真实性，因为他们会非常巧妙地让他误入歧途。就这样，依然是为了不让他看到真实的情况，当他们无法再指望他善意的轻信允许他们假惺惺地吹捧的时候，他们就会假惺惺地贬低。在同样的交谈中，我经常很诧异地发现，同一个人会三番两次改变他对我的策略。我不是说自己总能看得出真相，但我能看得出他是瞒着我的，看得出我们总是受骗。于是，我们即便没有变得更有见识，但至少是武装起来了。

所有的宫廷都缺乏生气和欢乐，但是在彼得堡的宫廷，人甚至不允许感到厌倦。皇帝的眼睛盯着所有的事情；他把假装享受看作效忠的标志，这让我想起了塔列朗先生关于拿破仑的那句话："皇帝不开玩笑，他只想让自己高兴。"

我会给自恋带来伤害。我的诚实和正直会招来责备；但是，如果说在从一个绝对政府那里寻找新的理由，反对国内当政的暴君和打着自由旗号的混乱时，给我留下深刻印象的只是独裁统治的种种弊端，换言之，只是被称作良序的暴政的种种弊端，那这是我的错吗？俄国的专制主义是一种虚假的秩序，正如我们的共和主义是虚假的自由。无论在哪里，一经发现，我就要向谎言开战。但谎言不止一种。我曾经忘记了绝对权力的那些谎言；现在我详细地叙述它们，是因为在叙述我的旅行时，我对自己见闻的描述毫无保留。

我讨厌借口。在俄国，我看到秩序成了压迫的借口，就如同在法国，自由成了嫉妒的借口。总之，我热爱真正的自由，热爱在一个不会把文雅排除在外的社会中所有可行的自由；因此，我既不是煽动家，也不是暴君；我是一个最广义上的贵族。我希望在社会中保持的优雅既不轻浮，也不冷酷，而是由趣味规定的。趣味排斥所有滥用权力的行为，它是防止滥用权力的最稳妥可靠的手段，因为它害怕任何类型的夸张。对于艺术来说，某种优雅必不可少，而艺术可以拯救世界；因为正是通过艺术而不是别的什么的作用，人们才变得文明起来。它是文明最终的也是最珍贵的补偿。在能给一个民族蒙上光环的各种各样的事物中，艺术的荣耀凭借其专属的特权，能给社会的所有阶级带来同等的愉悦和好处。

按我的理解，贵族远远不会像曲解它的煽动家宣称的那样，与暴政同流合污，因为在专制政府的统治下，贵族无法生存。贵族的使命一方面在于保卫人民，反对暴君，另一方面在于保卫文明，反对所有暴君中最可怕的暴君——革命。野蛮状态可以有多种形式。专制主义的野蛮状态粉碎了，无政府主义的野蛮状态又会冒出来。但是，在真正的贵族的捍卫下，真正的自由既不是暴力的，也不是没有节制的。

可惜，在欧洲，有节制的贵族的支持者，现在都受到蒙蔽，支持起他们的对手来了。他们装出谨慎的样子，在全部政治自由和宗教自由的敌人当中寻求帮助，好像危险只可能来自新革命者一方；他们忘记了专制君主在古代就和现代的雅各宾党人一样是篡位者。

除了历史上一些伟人留下的永远闪闪发光的不可磨灭的荣耀之外，封建时代的贵族无论如何都已经结束了。但是，在希望继续存在的社会中，中世纪的贵族就像在英国人中早就开始的那样，会被世袭的地方行政官取而代之。作为旧贵族的继承人，这种新贵族由许多不同的成分构成，因为职务、出身、财富全都成了它的基础。它只有依靠自由的宗教，才能重新赢得人们的信任。我再次重申，唯一自由的宗教，唯一不依赖于世俗权力的宗教，乃是天主教会教导的宗教。因为就教宗本人的世俗权力而言，它现在仅仅是为了维护他作为司铎的独立性。贵族制是有独立性的人的政体，而且有一点无论怎么说都不为多，那就是，天主教是自由的司铎们的信仰。

每当我认为自己发现了真相，我就不计后果地把它说出来，因为我认为，罪恶的存在，不是因为公开了真相，而是因为掩盖了真相。抱着这样的想法，我一向认为，我们祖先的那句老话"永远不要说真话"是有害的。

正是因为在真理中每个人都只挑选对自己的激情、恐惧或利益有用的部分，真理才会变得比谬误还要有害。旅行的时候，我不会有选择地搜集事实，不会抛开那些与我偏好的观点相反的事实。讲述的时候，除了对于真理的崇拜，我没有别的目标。我不允许自己成为审判者。我甚至连画家都不是，因为画家搞的是创作，而我想做一面镜子。总之，我首先希望能够做到不偏不倚。有了这个目的，至少在明智的读者眼里就够了，而且我不记得、也不会记得还有其他目的——这样的发现会使作者的劳动变得要求太高。

每当我有机会与人交流，他们的举止给我的第一印象就是，他们比我能干，知道怎么说话做事，知道怎么保护自己。直到今天，我在世界上经验到的结果都是如此；所以我不轻视任何人，尤其是我的读者。这就是我决不讨好他们的原因。

如果说有些人我很难对他们做到心平气和，那便是让我感到厌烦的那些人，但我几乎不知道有这样的人，因为我总是逃离让人觉得乏味的人。

我说过，俄国的城市千篇一律，彼得堡的客厅也千篇一律。无论在哪里，看到的要么是宫廷，要么是宫廷的一部分。地点可以变，但圈子变不了；而在那个不变的圈子里，所有有趣的话题都是禁止的；但是在这里，由于女性的机智，我也找到一种补偿；那些女性非常清楚，怎样才能激起无需言传的思想。

　　不管在什么国家，女性都是奴隶中奴性最少的，因为她们能够巧妙地利用自己的弱点，把它变成一种力量，从而比我们更清楚怎样规避坏的法律；因此，正是她们注定了要在缺乏公共自由的地方拯救个人的自由。

　　女性在社会生活中天生就是最弱者的代表。如果自由不是最弱者权利的保证，那它还能是什么？在法国，他们现在感到自豪的是所有事情都由多数决定……多么令人赞叹的奇迹！当我看到对于少数人的要求表现出些许关注的时候，我也会高喊"自由万岁！"必须承认，现在的最弱者从前是最强者，因而必须承认，他们那时候像我指控的那种仗势欺人的例子真是太多了。但是，我们不能把一种错误当成另一种错误的理由。

　　尽管有女性暗中发挥的影响，可与世界上大多数国家相比，俄国距离自由仍然比较遥远——不是在言语上，而是在行动上。在明天火光冲天的暴动和屠杀中，自由的呼号会传到西伯利亚边疆。一个盲目而残忍的民族可能会谋杀他们的主人，反叛一个个无名的小暴君，并用鲜血染红伏尔加河的河水，但他们丝毫也不会变得自由一点，因为野蛮本身也是一种束缚。

　　让人获得解放的最好的办法，不是虚张声势地宣布他们的解放，而是培育各民族的人道之心，让奴役变得不可能。俄国缺少那种人道之心。对俄国人谈论自由主义，不管他们可能属于什么阶级，现在都是有罪的；对所有阶级无一例外地宣讲人道是一种责任。

俄罗斯民族还没有接受正义之心；因此，有一天，有人为了称赞尼古拉皇帝，对我提到有个小人物打赢了与某个大贵族之间的官司。在这种情况下，对于君主的歌功颂德，在我看来，就如同对于社会的讽刺。这件被大肆宣扬的事情明明白白地告诉我，在俄国，平等不过是一种例外。

如果考虑得充分一点，我决不会建议小人物在做事的时候，以为自己也会像那个作为典型提到的人那样取得成功。他之所以得到关照，也许是为了确保不会受到通常的不公正做法的伤害，并为执法者所需要的公平提供一个实例，以回击有关奴性和腐败的指责。

还有一个事实，由之引发的猜想对俄国的司法不太有利，那就是在这个国家，人们很少打官司。原因并不复杂。如果法官比较公平，人们就会比较多地用诉讼来解决问题。街头之所以没有任何斗殴或争吵的事情发生，原因也差不多。对于牢狱之灾的恐惧，一般来说，会让当事双方都保持克制。

尽管我描绘的画面有点阴郁，但是，有两样没有生命的东西与一个活生生的人，还是让此行的劳苦没有白费，那便是在没有夜晚的季节里彼得堡的涅瓦河，月光下莫斯科的克里姆林宫，以及俄国的皇帝。俄国的美景、历史及政治都在其中。此外的一切都是乏味的、令人厌倦的，这从前面各封信中就可以看出来。

我的许多朋友都写信给我，建议不要发表它们。

在我准备离开彼得堡的时候，有个俄国人就像所有的俄国人一样问我，对于他的国家我会说什么。我的回答是："我在俄国受到的款待太好了，没有什么可说的。"

有人拿这话来指责我。但是，我想我当初的这句话带有毫不客气的讽刺意味。"尽管是那么待您的，"有人叮嘱我，"您也不能说实话；而您既然要写就写实话，那就最好保持沉默。"这就是我习惯于听从他们意见的那些人当中有个人的看法。无论如何，都不会讨俄国人的喜欢。

我认为，在不辜负他人好意的情况下，在必须对一些个人表达应有的感激和对自己抱着应有的尊重的情况下，总归有合适的方式，可以让我们坦诚地谈论公众人物与公共事务，而我希望已经找到了这种方式。据说真话只会令人震惊，但是，最起码在法国没有任何人有权利，或者说有权力，封住讲真话的人的嘴巴。不要把我的呐喊当作为了掩盖受到伤害的虚荣心。如果我当初只是听从我的自恋，那我会对什么都感到着迷；但我并没有被任何东西迷住。

如果对于俄国人及其国家所讲的一切都变成了诽谤，那对他们来说就更糟了：这是一种不可避免的罪恶，因为在俄国，事实是不存在的，它是凭着人一时的心血来潮编造和改变的；但那不是旅行家的错。

这位皇帝在我看来一点也不想放弃他的部分权威。那就让他扛起因为握有无限权力而带来的责任吧。它首先是为一个凡人的政治谎言赎罪，因为他竟然宣称自己是一个国家绝对的主人，是一个民族思想上的全能的主宰。

宽容实际上并不能为这样一种不敬神的信条辩解。我在俄国人当中发现，顽固奉行的绝对君主制原则所造成的结果骇人听闻，所以这一次，我的寂静主义政治立场没能阻止我意识到并且公开宣布，对于有些政府，人们决不应该服从。

在与斯塔尔夫人的机密谈话中，亚历山大皇帝谈到了自己计划中的改革。他对她说："您称赞我仁慈的意图，我感谢您；不过在俄国历史上，我只是比较幸运罢了。"

那位君主说的是实话。俄国人徒劳地吹嘘管理他们事务的那个人深谋远虑、手段高明。专制权力乃是这个国家的基本原则，而这个原则如此有效，以至于皇帝制造出法律（请原谅把这个神圣的字眼用于不敬神的敕令），或者容忍别人制造出法律，或者允许那样的法律存在，比如说，使君主得以宣布，一个男人合法的婚生子女没有父亲，没有姓氏，总之，就是宣布他们不是人，而是毫无价值的东西。（作者附释：参见第二十一封信里有关特鲁别茨科伊公爵夫人的故事。）因此，是不是应该禁止我在欧洲的法庭上指控像他那样杰出和优秀的君主在位却没有废除这种法律呢？

他恨意难平。怀有如此强烈的恨意，他依然可以成为一个伟大的君主，但绝不可能成为一个伟大的人。伟大的人慈悲为怀，政治人物却喜欢报复。报复让人驯服，宽恕则让人皈依。

我现在说出了我对一位君主最终的看法，而在了解了他不得不统治的国家之后，我不知道还该不该去评判他；因为在那个国家，形势对人的影响很大，大得在确定一些事情的责任时，不知道是该向上看，还是该向下看。可这样一个国家的贵族却假装像法国人！野蛮时代的法国国王经常砍掉重要封臣的脑袋，但是，那些君主在杀死他们的敌人并没收其私人财产时，并没有用侮辱性的敕令贬低他们的社会地位、家人和故乡。如此不顾体面的事情，哪怕在中世纪，也会令法国人民感到愤慨。但俄国人民经受的事情比这些还要糟糕。我必须纠正自己的说法——俄国根本就没有人民。那里有皇帝，皇帝有农奴，而且那里还有廷臣，廷臣也有农奴，但这并不构成一国的人民。

相比之下，数量很少的中产阶级目前几乎全都是外邦人。少数因为发了财而获得解放的农民，再加上地位最为卑微的雇员，使中产阶级的队伍开始壮大起来。俄国未来的命运取决于这个新的市民阶级，但这个阶级的成分非常复杂，要让他们联合起来不太可能。

现在正企图做的是创建一个俄罗斯民族，但这项任务由一个人来完成非常困难。做坏事很快，但要弥补就慢了。我想，专制带来的羞愧感，肯定经常让专制君主思考绝对权力的弊端。但压迫者碰到的难事并不能为压迫开脱。我可以怜悯他们，因为罪恶总是应该得到怜悯，不过与被压迫者的苦难相比，他们在我心中激起的同情要少很多。在俄国，不管事情表面上如何，暴力、专横的统治总归是它们的实质。靠恐怖的影响而变得平静下来的暴政，是这种政府所能给予臣民的唯一的幸福。

因此，当我碰巧见证了在基于这些原则的宪法下一直存在的下作得让人张不开口的罪恶时，难道会因为担心伤害了某些人脆弱的感情，就不去说出我的见闻吗？如果我在这种怯懦的偏袒面前退却了，我就不配长有眼睛。这一次，怯懦的偏袒假装成尊重社交礼节，就好像我的良心不应该首先得到尊重似的。什么！当我获准进入一座监狱，弄明白感到恐惧的受害者为什么会保持沉默，却不该把他们受到的折磨大胆地说出来，就因为受到看守们的殷勤接待而担心被人说是忘恩负义？这样的谨慎无论如何都算不上美德。所以，我声明，在仔细观察了周围的事物之后，在努力弄明白企图对我隐瞒的东西和不希望我知道的东西之后，在努力辨别所有对我说的话的真假之后，当我说，俄罗斯帝国的居民要同时承受野蛮与文明的灾祸，因而是世上最悲惨的人，我认为自己并没有夸大其词。至于我自己，如果在已经大胆地描述了大部分欧洲的画面之后，因为担心要改变我曾经坚持的某些观点，或者担心如实描绘一个从来没有被如实描绘过的国家，会让某些当事人感到不快，就对要不要把它做完迟疑不决，那我会觉得自己是个叛徒和懦夫。请问，我该把对于坏事的尊敬置于什么样的基础上呢？除了对于真理的爱，难道我还受其他的约束吗？

总的来说，俄国人给我留下的印象是非常乖巧。反应极快，但缺少鉴赏力；非常敏感，但冷酷无情。这一点我认为是他们真正的性格。正如我说过的，目光敏锐、自高自大、擅长讽刺挖苦，是他们性格中主要的特点。我再说一遍，如果对本身就没有多少慈悲心的人的自恋避而不谈，那完全是愚蠢的。敏感不是体贴。这些人对我们社会中的罪恶和愚行看得那么清楚，是时候让他们习惯于我们的实话实说了。官方在他们中间保持的沉默蒙蔽了他们，使他们的思维失去了活力。假如他们希望得到欧洲各民族的认可和平等对待，那就必须首先愿意倾听他人对自己的评判。所有的民族都必须经历这种过程。德意志人何曾只听英国人说他们的好话呢？各个民族总是有充分的理由成为他们所是的样子，而这其中最充分的理由就是，他们不可能成为别的样子。

这一点实际上不能为俄国人开脱，至少不能为那些识字的俄国人开脱。他们什么都能够模仿，所以他们可以成为别的样子。正是意识到这种可能性，他们的政府才失去信心，甚至对暴行也失去信心！那个政府十分清楚，与自己一模一样的东西根本就靠不住。

一个更有力的动机，本来会阻止我讲真话，那就是担心受到指责，说我背弃自己的信仰。"他一直反对自由主义的夸夸其谈，"有人会说，"但是在这里，可以看到他在退缩，看到他虽然鄙视随大流，却在迎合那种错误的做法。"

也许我是自己骗自己，但我越想，就越是认为这种责备跟我不相干，甚至不会有人对我说这种责备的话。

俄国人不是只在今天才担心外国人的指责。极度的自负和极度的自我怀疑在那个奇怪的民族身上兼而有之。外表的自满和内心的自卑是我在大多数俄国人身上都能看到的两种特点。他们那种难以满足的虚荣心就如同英国人的自豪感一样，永远在经受煎熬。他们还缺少朴实。naïveté这个法语单词的确切含义，是其他任何语言都很难表达的，因为它所描述的东西是我们特有的。naïveté 是那种可以变得尖锐而风趣的朴实，是那种可以带来笑声而从不伤害他人心灵的天性，是那种容易给与之交谈的人们抓住把柄的口无遮拦，是那种评判时的公道，是那种表达时不由自主的坦诚，总之，就是高卢人的朴实，而俄国人不懂这个。一个靠模仿起家的民族永远不会是朴实的。对他们来说，算计总是毁掉了真诚。

我在莫诺马赫的遗嘱中看到他给子女的那些精明而又奇怪的劝告。我对下面这段话的印象特别深刻，所以便拿它作为扉页上的警句："首先是要尊重外国人，不管他们是什么身份和地位。还有，如果不能给他们礼物，让他们满载而归，那至少要给他们很多纪念品以示善意。因为他们回去的时候，是说一个国家的好话还是坏话，取决于他们在那里受到了什么样的招待。"（摘自弗拉基米尔·莫诺马赫 1126 年 [1] 给子女的建议。）

1　原文如此，但弗拉基米尔·莫诺马赫是 1125 年去世的。

必须承认，自恋的这样一种精妙的形式，从殷勤好客中得到的收获很多。它是基于算计的善举。我在旅途中不由自主地不止一次想到过这一点。人做了好事就该得到回报，但是，把这种回报当作美德的原动力就不对了。

前面那段话引自卡拉姆津。他本人就谈到过蒙古人入侵的不良后果及其对俄国人性格的影响。如果有人觉得我的评判有点苛刻，那可以看到，这位严肃但比较宽容的历史学家可以证明我的话不是没有道理。

下面就是一例："俄国人失去了民族自豪感，他们用诡计来弥补一个被迫像奴隶一样顺从的民族在力量上的不足。他们不但擅长欺骗鞑靼人，互相间的欺骗也很有一套。因为要从野蛮人那里购买人身安全，他们对金钱变得越来越贪婪，同时，由于长期受到厚颜无耻的外国暴君的影响，他们对于坏事也变得越来越不以为耻。"

他还说："俄国人现在的性格可能是沾上了蒙古人野蛮统治留下的某些污点。"

在概括伟大而公正的君主伊凡三世在位时值得称道的成就时，他说："他（伊凡）终于领悟了专制的秘密，成了俄国人眼中人间的神灵。从那以后，他们对于君主意志的盲目服从便开始让世人惊讶了。"

这些话出自卡拉姆津那样胆小的、廷臣般的历史学家之口，更让我感到意义重大。本来我还可以从卡拉姆津那里引用更多的话，但我相信，上面的例子足以表明，我公开表达自己观点的做法是正确的。同时，一个被指责为偏袒的作者的意见，也以那样的方式证明了我的观点是合理的。

在一个从摇篮期开始，就用东方政体的虚伪和狡计来塑造人的心灵的国家，自然的情感肯定要比别的地方罕见，结果一旦发现，就会觉得它有一种特别的魅力。我在俄国遇到过几个人，他们为自己受到压迫、不得不生活在严苛的制度下却不敢提出抗议而感到羞愧。这些人只有在面对敌人的时候才是自由的。他们在高加索发动战争，那样一来就可以摆脱在国内时强加给他们的束缚。这样一种生活的烦恼早早地就在他们脸上刻上忧郁的印记，那种印记与他们军人的习惯以及照理来说应该是无忧无虑的年龄形成了强烈的反差。年轻人的皱纹暴露出内心深切的悲伤，让人看了非常心痛。这些年轻人学会了东方人的严肃，又像北方人那样做着模糊的、富有想象力的白日梦。他们非常痛苦，却又非常和蔼。没有哪里的居民像他们一样。

既然俄国人蒙受天恩，他们在性格上必定拥有某种自然的情感，尽管我还没能看出来。也许那是像我这样在俄国走马观花的外邦人所无法领会的。没有谁的性格像这个民族的那样很难说清楚。

没有中世纪，没有古代的渊源，没有天主教，没有值得回忆的骑士精神，没有对诺言的尊重（*作者附释：虽然都已经说过了，但在这里还是应该再说一遍：这种情况只适用于群众，因为在俄国，他们只服从恐惧和武力*），一直是东罗马帝国希腊正教的教徒，客套得像中国人，粗俗或至少是粗鲁得像卡尔梅克人，邋遢得像拉普兰人，美丽得像天使，愚昧得像未开化的人（女性和少数外交官除外），狡诈得像犹太人，有趣得像自由人，举止温和而严肃得像东方人，冷酷无情得像野蛮人，既是出于天性也是因为自卑而喜欢嘲弄人，仅仅在表面上显得比较轻率——俄国人实际上适合严肃的事情。人人都拥有可以变得极为乖巧的性格，但没有谁的气度能大到不再把它当作一种技巧；所以，他们让我憎恶那种能力，一种对于想要在他们中间生活的人来说不可或缺的能力。因为他们不停地受到自我的监视，他们成了我眼中世上最可怜的人。那个由想象力制造出来的警察，不断地指引他们为了其他人的观点而放弃自己的看法。那是一种消极的品质，它排除了优秀得多的性格所应具备的积极的品质。那是野心勃勃的廷臣的生活；他们所做的就是服从他人的意志并揣摩他人内心的冲动，但是，如果他们胆敢也有自己的冲动，那就会遭到嘲笑。要有冲动就需要有天赋；天赋是充满活力的乖巧，乖巧不过是虚弱的天赋。俄国人极为乖巧。有天赋的人善于行动，乖巧的人善于观察。观察的滥用导致不信任，也就是说，导致无所作为；天赋可能和许多艺术，但绝不会和非常高雅的乖巧联合起来。因为乖巧——那是尊重敌人的副官们的最高美德，而只要副官们不敢去攻击敌人，敌人也就成了他们的主人——总是兼有某种程度的狡诈。这是奥斯曼后宫的才能；受其影响，俄国人令人捉摸不透。的确，我们总是看到他们在隐瞒什么，但隐瞒的是什么，我们搞不清楚，而这对于他们来说就够了。如果能把自己的小伎俩也掩盖起来，那他们就真的令人生畏、手段高明了。

他们中的有些人在那方面已经非常精通了。他们凭借自己占据的职务，凭借自己能力上的优势，成为俄国最显赫的人物。但是，天哪！如此煞费心机的目的是什么？如此诡计多端该是出于什么充足的动机？什么责任、什么报偿能让人心甘情愿地一直戴着面具，而且乐此不疲？

这么多炮组的作用，难道仅仅是为了保卫一个现实的合法政权？这样一个政权是不会需要它的，因为真理可以自己保卫自己。难道它是要维护可怜的虚荣心？也许吧；但是，为了那么一个不值一晒的结果而如此大费周章，对我提到的那些严肃的人们来说不值得。我想我认识到一个更大的目的，而这个目的可以更好地解释他们创造的虚伪和忍耐的奇迹。

在俄国人心中，有一种躁动不安的无节制的巨大野心；只有在被压迫者胸中才可能生出那种野心，只有整个民族的苦难才可能滋养那种野心。那个因为匮乏而在本质上具有侵略性的贪婪的民族，用低三下四的顺从预先抵偿图谋对其他民族施以暴政的罪过。希望得到的荣耀和财富，成了它忍受羞辱的安慰。把公共的和个人的自由拿来做牺牲是不洁的、邪恶的，为了洗清由此带来的罪恶，这个仍然跪着的奴隶梦想着征服世界。

在尼古拉皇帝身上，人们崇拜的不是他这个人，而是一个民族野心勃勃的主人——这个民族比他本人还要野心勃勃。俄国人的激情和古代人的激情是由同一个模子塑造出来的。在他们当中，什么都能让人联想到《旧约》；他们抱的希望，他们受的痛苦，就跟他们的帝国一样大。

在那里，什么都没有限制，悲伤没有，回报没有，牺牲没有，希望也没有。这样一个民族的力量可以变得巨大，但是，他们将为之付出亚洲各民族为了维持其政府的稳定所付出的代价——幸福的代价。

我们的内讧迟早会把俄国在欧洲看中的猎物交出去。俄国在我们当中煽动政治混乱，以期从它资助的腐败中得到好处，因为那样的腐败对它的目标有利。这是在更大规模上重演波兰的历史。多年来，巴黎一直可以读到俄国赞助的革命杂志。他们在彼得堡说："欧洲正在走上波兰的老路；徒劳无益的自由主义正在使其失去活力，而我们之所以能够继续保持强大，恰恰是因为我们的不自由。让我们在重轭下保持耐心吧；其他人早晚会为我们受到的羞辱付出代价。"

对于专注于其他问题的人来说，我在这里提出的看法似乎异想天开；不过，凡是对近二十年来欧洲事务的进展以及内阁会议的秘密有所了解的人，都会承认我说的是实话。它们可以让很多令人费解的事情得到合理的解释。不用说，它们也可以解释为什么细心的人——他们因为性格和所处位置而显得比较严肃——会认为外邦人只从好的一面看待的事物极为重要。如果俄国人就像他们声称的那样，是秩序和合法性的支持者，那他们会利用人，以及更糟糕的是，利用革命的手段吗？

俄国在罗马极其荒谬的声望是我想让我们准备对付的那种影响力的后果之一。对于罗马和天主教来说，再也没有比俄国皇帝更大、更危险的敌人。在希腊教会独裁统治的支持下，教会分裂迟早会在君士坦丁堡单独盛行，到了那个时候，分成两个阵营的基督教世界就会承认，罗马教会的首脑因为在政治上缺乏远见而对罗马教会犯下的错误。

那位君主登上教宗宝座的时候，各民族日益陷入的混乱令他忧心忡忡，我们的革命给欧洲带来的道德上的罪恶使他惊恐万分。他在漠不关心或者冷嘲热讽的世人当中孤立无援，他最害怕民众的叛乱，因为他吃过叛乱的苦头，也看到过同时代人吃过叛乱的苦头。所以，面对某些思想狭隘之人的决定性的影响，他放弃了，把人类的精明当成自己的向导。他按照世人的样子变聪明了、学乖了，也就是说，从天主的角度来讲变得盲目而软弱了。波兰的天主教事业就这样被其天然的辩护人，被正统教会有形的首脑抛弃了。愿意为罗马牺牲其战士的民族现在很多吗？然而，当一无所有的教宗仍能找到一个愿意为他赴死的民族时，他竟然把他们逐出教会！他，世上唯一有义务冒着生命危险去帮助他们的君主，竟然为了讨好一个犯有分裂教会之罪的民族的统治者而把他们逐出教会！信徒们面面相觑，说一向深谋远虑的宗座这是怎么了？因为禁令而深受打击的殉道者，看到罗马为了希腊教会的政体而牺牲了天主教信仰。在神圣的抵抗中变得心灰意冷的波兰，虽然无法理解，但还是接受了自己的命运。（作者附释：罗马教廷后来的敕令证明，这些抗议是合理的，并没有冒犯的意思。）

天主在人间的代表怎么就没有发现，自从威斯特伐利亚条约以来，欧洲所有的战争都是宗教战争？能对他的眼光产生那么大的影响，以至于让他把只适合人间的君主，但配不上万王之王的手段，用于指引天国的事情，那是什么样世俗的精明啊？人间君主在位的时间是短暂的，而天主是永恒的——是的，永恒的。因为坐在那宝座上的司铎，如果是在地下墓穴，会比他在梵蒂冈更伟大，目光更锐利。他受到同时代人的欺骗，没有看到事物表层下面的东西。在他的恐惧政策使得他偏离正道的时候，他忘记了从唯一真正的源泉，也就是信仰的政治汲取力量。（作者附释：如今人们对于宗教的核心问题极其无知，以至于有个天主教徒，一个很有才华的人，在我把这段内容读给他听的时候，竟然打断我的话说："你不再是天主教徒了，因为你责备教宗！"就好像教宗在信仰问题上不但绝无谬误，而且挑不出一点毛病。就连这种绝无谬误本身也要受到法国天主教徒的某种限制，但法国的天主教徒仍然认为自己是天主教徒。但丁不是曾经被指控为异端吗？可他对被他扔进地狱的教宗们是怎么说话的？我们时代最聪明能干的一些人，陷入了会让从前的学童发笑的思想混乱。我在回应我的批评者的时候说，请他看看波舒哀的书。他对天主教教义的阐述是得到罗马教廷的肯定和同意的，并且一直都被称许和采纳，它足以证明我的原则的合理性。）

但是要有耐心！时代正趋于成熟；用不了多久，一切都会清清楚楚；真理在其合法的拥护者的捍卫下，将收回它对各民族思想的绝对控制权。也许，正准备开始的斗争可以让新教徒相信一个基本的真理。这个真理我已经详细地叙述过不止一次，但我坚持那个真理，因为在我看来，对于加快所有基督教社会联合的步伐来说，它是唯一必要的真理。那就是，天主教的司铎乃是现存的唯一真正自由的司铎。除了天主教会之外，别的所有地方的司铎都要服从与其良心和教义不同的法则和权威。一看到彼得堡希腊教会的奴性，以及英格兰教会的自相矛盾，人就开始战栗：当虚伪不再在英格兰横行的时候，联合王国的大部分地区就会再次信奉天主教。罗马教会独自拯救了信仰的纯洁性，凭借慷慨、坚毅和坚定，在世界各地捍卫司铎权力的独立性，反对世俗统治者的谋权篡位。不允许自己被世俗政府贬为打着宗教旗号的警察，这样的教会在哪里？只有一个，唯一的一个，那就是天主教会；它用殉道者的鲜血保住的那种自由，是生命和权力永恒的原则。未来是它自己的，因为它一直使自己不掺杂有害的东西。就让新教去躁动和分化吧，那样做正好合乎它的本性。就让各个宗派去争论和吵闹吧，这一点正是它们的使命。天主教会等待着！

希腊和俄国的神职人员从来只是，而且永远只是穿着制服的国民军，那种制服与世俗的帝国军队的制服很不一样。

把俄国与西方分开的距离，到现在为止，对于把所有这些事情掩盖起来不让我们知道这方面来说，起了非常大的作用。如果狡诈的希腊教会的政体如此害怕真理，那是因为它很清楚怎样靠弄虚作假得到好处；但是，令我奇怪的是，它竟然使那种影响长期保持着统治力。

在一个因为其民众的轻信和所有外国人的讨好而如此受到拥护的政府眼里，一种意见，一句讽刺挖苦的话，一封信，一句玩笑，一个微笑，或者理由更充分一点，一本书，为什么会那么重要，读者现在明白了吧？在俄国，一句实话出口，那就是一粒火星，有可能掉在火药桶上。

统治帝国的那些人，为皇帝手下穷困潦倒、脸上没有血色的士兵操了什么心呢？那些活生生的幽灵拥有欧洲最漂亮的制服，因此，当镀金的幻影藏在兵营深处的时候，穿着肮脏的工作服有什么关系呢？假如他们只是在背地里衣衫褴褛、肮脏不堪，假如他们在露面的时候衣着光鲜，那就没什么再要求他们，什么也不会给他们。对俄国人来说，外表就是一切，因此，在他们当中，外表要比在其他人当中更具欺骗性。结果，不管是谁，只要掀起帷幕的一角，就会在彼得堡名声扫地，而且再没有挽回的机会。

在那个国家，社交生活就是一场反对真理的永久的阴谋。

在那里，凡是不愿成为被利用的工具的人，都会被视为叛徒。在那里，嘲笑吹牛，驳斥谎言，揭穿政治上的自吹自擂，寻找服从的理由，就是犯罪，企图危害国家和君主的安全。它会招致与革命者、阴谋家、秩序的敌人以及波兰人一样的命运。我们都很清楚这种命运是不是仁慈的。必须承认，像那样表现出来的敏感，与其说可笑，不如说可怕。这样一个政府的严密的监视——它与这样一个民族的有知识的虚荣是一致的——变得十分可怕；它不再荒唐可笑了。

在一个对敌人冷酷无情，容不得一丝一毫的反抗，并且把报复视为责任的主人的统治下，民众必须并且应该利用各种形式的预防措施。这个主人，或者更准确地说，这个人格化的政府，会把宽恕视为背叛，把仁慈视为健忘，把人道视为不尊重它自身的权威，或者，我该说得更准确一点，不尊重它的神性！

俄国的文明刚刚起步，所以与野蛮还很相似。俄国人不过是一个热衷于征服的共同体；他们的力量不在于思想，而在于战争，也就是说，在于诡计和凶残。

波兰上次的暴动延迟了地雷的爆炸，迫使炮组继续隐蔽。波兰永远不会得到宽恕，因为它让虚伪——不是在它自己面前，因为把它杀掉作为祭品并不会受到惩罚，而是在需要继续欺骗，同时又可以设法获得他们风暴般的善意的朋友面前——成为必要的手段。这个将被称为希腊帝国的新罗马帝国的先锋，这个不仅是欧洲各个君王中最谨慎同时也是最盲目的人（作者附释：写的是 1839 年去世的普鲁士国王），为了讨好他的邻居——也是他的主子——正在发动一场宗教战争。如果可以像那样把他引入歧途，那要引诱其他人也会很容易。

即使俄国人征服了西方，他们也不会像过去的蒙古人那样，在自己的国家统治它；相反，他们会迫不及待地离开他们的冰原。与古代的主子，也就是鞑靼人不同——鞑靼人是从远方对斯拉夫人施以暴政的，因为莫斯科大公国的气候就连蒙古人也感到害怕——莫斯科大公国人只要其他国家的道路对他们开放，就会离开自己的国家。

现在他们谈论节制；他们反对征服君士坦丁堡；他们说，凡是会让帝国变得更大的事情他们都害怕，因为帝国幅员太广，已经成了灾难；他们害怕——是的！即使他们的谨慎达到那么远的距离！——他们害怕炎热的地方！……让我们稍等一会儿，然后就会看到，所有这些恐惧会怎么样。

难道我不该提到这么多的虚假、这么多的危险和这么大的罪恶吗？……不，不是的；我宁可上当了说出来，也不愿看出来了却保持沉默。即使讲述我看到的情况有点冒失，那也不该隐瞒。

俄国人不会回答我的问题，他们会说："只是旅行了四个月！他不可能看得很全面。"

的确，我看得不是很全面，但我看得很透。

或者，假如他们肯赏脸反驳我，那他们就会否认事实。他们在彼得堡习惯了把事实当作虚无。在那里，过去就像现在和将来一样，也要听凭君主的摆布。因为，再说一遍，俄国人除了服从和模仿，没有自己的东西。他们的思想倾向，他们的判断力，他们的自由意志，都属于他们的主人。在俄国，历史成了皇帝领地的一部分。它是君主的精神财产，就如同奴隶和土地是物质财产。它和皇帝的其他珍宝一起存放在储藏室里，只有希望让人看到的东西才会展示出来。皇帝随意修改国家的历史，而且每天都给他的臣民提供与当时的虚构相一致的历史真相。拿破仑入侵期间，米宁和波扎尔斯基这两个已经被遗忘了两百年的人物，正是通过这样的方式被突然挖掘出来成为红人的。那时候，政府点燃了爱国的热情。

不过，这种过分的权力对自己也是有害的，俄国是不会永远服从它的。反叛的精神正在军队里慢慢形成。我说，对于皇帝而言，俄国人走过的地方太多了；这个民族变得特别渴望了解世界。海关不可能没收思想，军队不可能消灭思想，城墙无法阻挡思想的发展；思想在空气中，它们遍及各地，它们正在改变世界。（作者附释：从我写了这段话之后，皇帝就让一群俄国人暂住巴黎。他也许以为让变革者看看法国的样子，就可以打消他们的梦想。因为他得到的报告说，法国不但是一个国家，还是不断爆发革命的火山；在法国居住的经历，肯定会让变革者永远憎恶政治改革。他这是自己骗自己。）

从过去的情况来看，可以说，未来，俄国人梦想的辉煌的未来，并不取决于他们。他们没有任何属于自己的思想。这个模仿家民族的命运，将决定于拥有自己思想的人。如果激情在西方平静下来，如果各国政府与其臣民联合起来，热衷于征服的斯拉夫人的贪望就将变成妄想。

我的笔端并不带着仇恨，我的描写也不是为了诋毁，而在详细地讲述某些令我震惊的事实时，一般来说，与其说我是指控，不如说我是叙述——重复这些有必要吗？

我在离开巴黎的时候认为，仅凭法俄之间亲密的同盟关系就可以让欧洲的事务恢复正常。但是，自从我看到了俄罗斯民族，并认识到其政府的真正的精神，我就觉得，一种强有力的政治利益，在宗教狂热的支持下，使它与文明世界的其他部分格格不入，所以我现在认为，法国应当在与自己的利益相一致的各民族当中寻找盟友。同盟关系不应当建立在与实际需要背道而驰的意见基础上。在欧洲，哪里的需要是一致的呢？我认为是在法国人和德意志人，以及注定要追随那两个主要民族的人们之间。一种进步的文明的命运，一种真诚的、具有民族特色的文明的命运，将会由欧洲的心脏地带决定。凡是有助于法国和德意志的政体变得完全一致的东西都是有益的；凡是阻碍那种联合的东西，不管阻碍的动机表面上多么有理，实质上都是有害的。

在哲学与信仰之间，在政治与宗教之间，在新教与天主教之间，战争即将爆发；而法国在这场大规模的斗争中树起的旗帜将会决定世界的命运，决定教会的命运，尤其是决定法国自身的命运。

能够证明我所渴望的那种同盟是好的证据是，我们无力做出其他选择的时代将会到来。

作为一个外国人，尤其是作为一个外国的作家，俄国人对于礼貌的郑重声明曾经让我不知所措。但是，他们的礼貌和热心仅仅停留在口头上，没有人给我提供方便，以便看到事情的深处。很多事情到现在我仍然无法理解。即使花上一年时间旅行，对我来说也无济于事。冬季的不便在我看来更加难以克服，因为居民们向我保证，它们没有什么影响。他们对于冻僵的四肢和冰冷的脸毫不在意；尽管关于这种甚至发生在上流社会的女士——既有外国的，也有俄国的女士——身上的事故，我可以引用的例子不止一个。而且人一旦被冻坏了，一辈子都会受到影响。我不想无谓地挑战所有这些祸害，连同为了避免它们而不得不采取的令人讨厌的预防措施。另外，在这个沉寂的帝国，在这个由一个个巨大而空旷的空间构成的帝国，在这个由光秃秃的乡村与孤零零的城市组成的帝国，在这个到处都是谨慎的面孔的帝国——那些面孔的表情一点也不真诚，使得交往本身显得毫无意义——忧郁感渐渐地攫住了我。我在忧郁和寒冷袭来之前逃走了。不管是谁，只要在彼得堡过冬，肯定会有六个月的时间忘掉自然，为的是与性格中没有任何自然的成分的人们关在一起。（作者附释：在新出版的《蒙塔格夫人书信集》中，我看到土耳其廷臣的一句格言，可以适用于所有廷臣，尤其是俄国廷臣。它有助于说明土耳其与莫斯科之间的关系，而那种关系有不止一种形式：拥抱受宠的，避开不幸的，而且不要相信任何人。）老实说，我在俄国度过了一个很难熬的夏天，因为在我看到的东西当中，除了一小部分之外，其余的我都无法充分理解。我本来希望能找到答案，结果带回来的只有问题。

有件令人费解的事情，让我特别遗憾自己无力把它搞清楚。我指的是宗教几乎没有影响力。希腊教会虽然在政治上受到奴役，它对民众难道就不能拥有某种至少是道德上的权威吗？它根本没有那样的地位。一切都似乎有利于教会的工作，在这种情况下，为什么教会会变得毫无影响？问题就在这里。像那样僵化停滞，满足于表面上的尊重，难道是希腊宗教的特质吗？当精神权力堕落到完全依附于世俗权力的时候，是不是必然会出现这样的结果？我想是的。但这是我本来希望能够用事实和文献证明的。不过，对于俄国的神职人员与民众的关系，我会把我观察到的情况简单地说出来。

我在俄国看到了这样一个基督教会，没有人抨击它，大家至少在表面上都尊重它。一切都有利于它发挥道德权威的作用，可这个教会对于心灵却毫无影响；它只会造就虚伪的或者迷信的追随者。

在宗教得不到尊重的地方，它是不需要承担责任的。但是在这里，绝对权力的所有影响都有助于司铎完成自己的工作，教义无论是在书刊中还是在演讲中都不会受到攻击，宗教上的习惯做法可以说已经成为国家的法律，民众的风俗——它在我们当中是反对信仰的——是为它的事业服务的，教会完全有理由因为自己的无能而受到责备。那个教会死气沉沉，不过，从波兰的情况来看，它还是能迫害的，尽管它并不具备能使人改变信仰的高尚品德与才能。总之，俄国教会就像这个国家中其他所有的事情一样，缺少自由的精神，而如果没有自由的精神，生命之光就会熄灭。

西欧不了解俄国政体中宗教偏执的程度。东仪天主教会信徒的礼拜方式在受到长期的沉重迫害之后被废除了。下面的事实讲到了希腊宗教及其微乎其微的道德影响，从而揭示了将会在俄国蔓延开来的那种危险。

几年前，有个很有见识的、在莫斯科也非常受人尊敬的人，出身和人品都很高贵，但对他来说不幸的是，他特别热爱真理——这种热情在各个地方都很危险，但在俄国尤其危险——冒险以书面形式发表看法，认为与俄国的拜占庭宗教相比，天主教更有利于思想的发展和艺术的进步。天主教司铎的生活，他在自己的书中说，作为完全超自然的生活，或者至少应该是那样的生活，每天都自愿地牺牲本性中种种粗俗的倾向。那是在信仰的祭坛上不断更新的牺牲，为的是向最顽固的怀疑论者证明，人在所有的事情上都不要屈服于物质法则的暴政，他可以从优势的力量那里获得逃避它们的办法。他还说："由于时间引起的变化，除了行善，天主教再也无法使用自身的潜能。"事实上，他坚持认为，天主教还不太配得上斯拉夫人伟大的命运，因为只有在斯拉夫人身上，才可以同时发现经久不衰的热情、完美的仁爱以及纯粹的洞察力。他用大量的证据支持自己的看法，并努力表明，独立的也就是普世的宗教，优于地方性的或者在政治上受到限制的宗教。总之，他提出的看法我会永远不遗余力地维护。

这位作者甚至把俄国女性的性格缺陷也归咎于希腊宗教。他声称，如果说她们是轻浮的，不知道如何保持在家庭中的权威——行使这样的权威是基督徒的妻子和母亲应该履行的义务——那是因为她们从来没有接受过真正的宗教教导。

不知道是因为什么奇迹或花招，这本书竟然逃过了时刻保持警惕的审查机构，在俄国点燃了一场大火。彼得堡以及圣城莫斯科，发出了愤怒和惊慌的叫声。总之，信徒的良心非常不安，结果，整个帝国都要求惩罚那个鲁莽的拥护基督教会之母的人。那样的立场使得他被斥责为改革者。因为所有的宗派分子和分裂分子都认为——对于在现世上演的喜剧中几乎总是自相矛盾的人类的思想来说，这不是它的一个最微不足道的矛盾——我们应当尊重我们生来就受其影响的宗教，这样的真理已经被路德和加尔文忘得干干净净。总而言之，皮鞭、西伯利亚、矿井、由囚犯划桨的大木船、俄国各地的要塞，都不足以让莫斯科及其拜占庭正教会感到放心，不去防范罗马的野心，何况它现在得到了背叛自己天主和国家的叛徒的邪恶信条的帮助。

人们焦虑不安地等待着判决，它将决定那么大一个罪犯的命运。出来的判决很长，人们开始对至高无上的正义产生了怀疑。最后，皇帝出于他冷酷无情的慈悲，宣布说，没有任何惩罚的理由，没有用来警示他人的罪犯，但有一个疯子要关起来。他还说，病人应该得到治疗。

判决立即执行，而且执行的方式严厉得让那个所谓的疯子认为，他本来是应该为教会与国家的绝对首脑的那条可笑的敕令辩护的。真理的殉道者几乎失去了人们认为他没有的理性。现在，经过三年既严格、残忍又侮辱人格的治疗之后，这个不幸的神学家第一次开始享有一点点自由。但这不是奇迹！……他现在怀疑自己的理性，并且出于对皇帝说过的话的信任，他承认自己疯了！啊！人类悲惨的深渊！……在俄国，当君主说的话是指责一个人的时候，就相当于中世纪的教皇把人逐出教会！

这个所谓的疯子现在可以和几个朋友交流了。我在莫斯科的时候，有人打算带我到他休养的地方看他，可我没能成行，因为我既同情又担心，我的好奇心在他看来会带有侮辱性。我不知道审查他的书的人员会受到什么样的惩罚。

这是最近的一个例子，说明在俄国对待与良心有关的事情的方式。我最后再问一下，如果旅行家很幸运或者很不幸了解到这样的事实，那他有权利不告诉别人吗？在这种事情上，我们所确知的澄清了我们所臆测的；由此我们深信，如果可以，我们有义务把实情告诉世人。

我说话不带有个人的仇恨，但也不带有畏惧或限制，因为甚至让人听起来觉得很乏味都是我要面对的危险。

我从前描述的那个国家有多么阳光灿烂、五彩缤纷，我刚刚考察的那个国家就有多么阴沉昏暗、单调乏味。要是描绘出它确切的画面，肯定不会招人喜欢。安达卢西亚的生活有多快乐，俄国的生活就有多阴郁；西班牙人是多么活力四射，俄国人就是多么无精打采。在西班牙，政治自由的缺失有个人独立作为补偿，那种独立的程度也许是其他任何地方都没有的，而它的作用也是令人惊讶的；在俄国，每个人都和其他人一样默默无闻。西班牙人靠爱生活，俄国人靠算计生活。西班牙人什么都讲，如果实在没有东西可讲，他就会编造；俄国人什么都瞒，即便没什么可瞒的，他也仍然保持沉默，为的是显得谨慎。西班牙强盗很多，可他们只在路上抢劫；俄国的路上倒是安全，但你在家里肯定会遭到抢劫。西班牙到处都是各个时代的遗迹和记忆；俄国只能回头看到昨天，它的历史富含的只是希望。西班牙重峦叠嶂，旅行家每走一步，山峦的形状都在变化；俄国只有一种毫无变化的景色，从大平原的一端延伸到另一端。太阳照亮了塞维利亚，让整个半岛生机勃勃；薄雾笼罩着彼得堡的广大地区，让它即便在月朗星稀的夏夜也显得晦暗朦胧。总之，这两个国家彼此完全相反，就像昼与夜、火与冰、北与南一样截然有别。

要想感受到在欧洲其他国家享有的全部自由，不管那些国家采取的是什么政府形式，那就必须在那个被称为俄国的荒僻而且没有安宁的地方，那座没有闲暇的牢狱住上一段时间。这一点无论说过多少次都不算多：除非是敖德萨的贸易，俄国的各个领域都缺少自由。皇帝拥有预言家的机敏，一点也不喜欢那座城市里弥漫着的独立精神——那座城市的繁荣要归功于一个法国人（作者附释：路易十八的大臣黎塞留公爵）的聪明和正直。[1] 不过，这也是他巨大的领地中唯一人们对其统治由衷地表示感谢的地方。

1　这里是指第五代黎塞留公爵、法国贵族阿尔芒—埃马纽埃尔·索菲·塞普提曼尼·德·维涅罗·杜普莱西（Armand-Emmanuel Sophie Septimanie de Vignerot du Plessis，1766—1822）。他在法国大革命后流亡俄国，1803 年被亚历山大一世任命为敖德萨总督，后担任新俄罗斯总督，1814 年他回到复辟后的法国。

如果你们的子孙什么时候对法国不满了，那就试试我的法子，让他们去俄国。到俄国去一趟，对所有的外国人都有用。不管是谁，只要仔细地看过那个国家，都会心满意足地生活在别的地方。知道存在一个毫无幸福可言的社会，总归有好处。因为，按照人的本性，除非人是自由的，否则他就不可能幸福。

这样的记忆会让旅行家变得不那么挑剔，并在回去之后，可以像一个很有头脑的人在谈到自己时曾经说过的那样说起他的国家："在对我自己进行评价的时候，我是谦逊的，但是，在把自己拿来对比的时候，我还是很自豪的。"

附录

1842 年 11 月

今年我偶然结识了两个人。1812 年战役期间，他们在我军服役，被俘后又都在俄国生活过几年。其中一位是法国人吉拉尔先生，如今在巴黎教授俄语。另一位是意大利人格拉西尼先生，那个曾经以其美貌在欧洲引起巨大轰动，而其令人钦佩的戏剧和音乐才能也为现代意大利学派的荣耀做出了贡献的著名歌唱家[1]的兄弟。

这两人对我讲到的事实，在我看来非常有趣，值得公之于众。虽然双方彼此间就连姓名也不知道，但奇怪的是，他们讲的事实却非常一致。

吉拉尔先生所讲的内容大致如下。

他在撤退时成了俘虏，随即与另外三千名法国人一起，由一队哥萨克押往帝国内地，分散到不同地区。

天气越来越冷。这些又饿又累、气息奄奄的不幸的人，

---

[1] 朱塞平娜·格拉西尼（Giuseppina Grassini，1773—1850），意大利著名女低音歌唱家。

不得不经常在路上停下，只有在挨了一顿饱揍之后，才有力气继续赶路，直到倒毙为止。每一次停下来，这些衣衫褴褛、极度饥饿的人当中，就有几个被丢在雪地上。他们一旦倒下，就会与地面冻在一起，再也爬不起来。就连凶残的守卫对于他们遭受的极度苦难也感到震惊。

浑身虱子，因为高烧和贫穷而形销骨立，走到哪里就把疾病带到哪里，这让他们成了要在其家中歇脚的村民眼中可怕的人。他们朝指定的休息地点前进要靠鞭打，而在那里招呼他们的仍然是鞭打，尽管不允许他们靠近人，甚至不允许进屋。有些人竟然沦落到在狂暴的绝望中，用石头、木棍以及双手相互攻击。那些在冲突中活下来的人，则狼吞虎咽地吃起了死者的肢体！！！……我们的同胞之所以干出这些可怕的暴行，都是没有人性的俄国人逼的。

我们没有忘记，就在同一时期，德意志给基督教世界树立了一个不一样的榜样。法兰克福的新教徒仍然记得美因茨主教的仁爱，而意大利的天主教徒也感念萨克森的新教徒对自己的救助。

夜里，在临时宿营地，感觉自己行将死亡的人们惊恐地爬起来，想要站着与死亡的痛苦搏斗。他们蜷缩着受到严寒的袭击，靠在墙上，冻得硬邦邦的。最后的热气在枯瘦的肢体表面结成了冰。早晨他们被发现的时候，眼睛睁着，身体一动不动，保持惊厥的姿势。他们就这样被拿去烧了。此时的脚从踝关节脱落，要比活着的时候脚离开地面还容易。天亮的时候，他们的同伴一抬头，便看到自己周围有一圈绝非没有生命的雕像守着。它们站在营地周围，就像另一个世界的哨兵。醒来的这些人的惊骇之情难以言表。

每天早晨队伍出发前，俄国人都要把死人烧掉；而且，要我说，他们有时也把快死的人烧掉！

这些都是吉拉尔先生看到的；这些苦难他也受过，但仗着年轻，他活了下来。这些事实很可怕，但在我看来，却并不比历史学家已经证实的其他许多事情更可怕。不过，我认为令人费解并且几乎难以置信的是，一个逃离了这个没有人性的国度并回到自己国家的法国人，为什么要保持沉默。

吉拉尔先生出于他说的对记忆中的亚历山大皇帝的敬重，决不会把他经受的苦难公之于众。亚历山大皇帝把他留在俄国将近十年，雇他在帝国的学校做了法语教师。他在那些庞大的机构见了多少专横的行为和多少骗人的事情啊！可是，他无论如何都不肯打破沉默，向欧洲揭露这些显著的弊病。

在允许他返回法国之前，有一天，亚历山大皇帝在视察外省的某所大学时召见了他。在对他早就表达过的离开俄国的愿望说了些同情的话之后，皇帝终于同意了他的请求，而且还给了他一些路费。吉拉尔先生温和的表情无疑很讨皇帝的喜欢。这个不幸的囚房，之前奇迹般地逃脱了死亡，就这样结束了他十年的战俘生涯。他离开了那个曾经折磨和关押他的国家，一再大声地赞美俄国人，感谢他们的殷勤款待。

"您没有发表点什么？"我在认真听了他的故事之后对他说。

"我曾经打算把我看到的都讲出来，"他回答说，"但我不是名人，恐怕没有人愿意出版，也没有人愿意看。"

"真话到头来总是有人想听的。"我回答说。

"我不想说什么对那个国家不友好的话，"吉拉尔先生继续说道，"皇帝过去待我那么好。"

"是的；但别忘了，在俄国，显示友好很容易。"

"在给我护照的时候，他们劝我谨慎一点。"

这就是在那个国家住了十年之后，在精神上对一个出生在法国的勇敢而诚实的人的影响。依照这样一个例子，不难想象，在当地的俄国人中间，代代相承的道德情操会是什么样子。

1842年2月，我在米兰遇到了格拉西尼先生。他告诉我说，1812年他在意大利总督的军中服役，撤退时在斯摩棱斯克做了俘虏。后来他在俄国内地待了两年。下面就是我们的对话。我照原样抄录，因为当天我做了笔记。

"那个国家没有人性的居民以及气候的严酷，"我说，"肯定让您受了不少苦吧？"

"寒冷的确让我受了不少苦，"他回答说，"但不能说俄国人没有人性。在俄国内地，我们得到了未曾想到的救助。农妇们，还有女士们，送给我们御寒的衣服、治病的药物、食物，甚至还有内衣内裤；不仅如此，她们中有些人还冒着被传染的危险，来到我们的临时宿营地照顾我们，而因为处境悲惨，我们当中已经开始传播可怕的疾病。无论是谁想要靠近我们，不仅需要通常的怜悯心，还需要高度的勇气和崇高的美德，而我把这叫作人性。"

"我不是说我在俄国看到的普遍心肠很硬的现象没有任何例外。有女人的地方，就有怜悯；各个国家的女人在同情方面有时会表现得非常英勇。不过，在俄国，法律、风俗、习惯、性格的确带有残忍的精神，我们不幸的囚虏因此而受了太多的苦，多得不容许我们大谈那个国家居民的人性。"

"我在他们当中就跟其他人一样受苦，而且受的苦比其他许多人都多，因为自从回到我自己的国家以后，我的眼睛差不多仍然是失明的。三十年了，我什么办法都试过了，但都没有成功。我几乎丧失了视力。俄国夜晚的露水，即便是在晴好的季节，对于露宿的人们来说都非常有害。"

"您那时是睡在露天里？"

"我们在行军的时候必须如此。"

"如此说来，在零下二三十度的严寒天气，你们也没有避寒的地方。"

"是的。但在这些不可避免的停留中，给我们造成痛苦的是残酷的气候，而不是残酷的人。"

"难道不是人无谓地加剧了大自然严酷的程度？"

"我的确看到过只有野蛮人才干得出来的凶残的行为；但我热爱生命，不去想这些可怕的事情。我对自己说，如果我为了逞一时的口舌之快，看守们会为了他们国家的面子而杀了我。人的自恋是不讲道理的；为了向别人证明自己不是没有人性，人能杀害自己的同类。"

"您说得很对，但是，您对我讲的事情，丝毫没有改变我对俄国人性格的看法。"

"他们逼着我们一起赶路。因为害怕会把斑疹伤寒传染给别人，不让我们进村，只能睡在村子的附近。晚上，我们就裹着斗篷，躺在两堆篝火中间的地上。早晨，重新出发之前，守卫会清点死去的人数，然后，他们不是把死人埋了——冰雪又硬又厚，如果要把死人埋了，那会很麻烦，要花很多时间——而是把他们烧了，觉得那样可以防止传染。尸体连同衣服一起烧掉。但是，您信吗？人还活着就被扔到火里，而且这种事情发生过不止一次！这些可怜的人疼得醒了过来，在火刑的痛苦和惨叫声中结束了自己的生命！"

"太可怕了！"

"还有其他许多暴行。每天夜里，严寒都会夺走我们很多同伴的生命。如果在城市入口的附近能找到废弃的房子，他们就逼着我们在那里过夜。但是，在这些只有某些部分可以生火的房子里过夜，就跟在周围点上篝火的露天一样冷。结果我们中的许多人就因为无法取暖而死在屋里。"

"可是，他们为什么要你们在冬天赶路呢？"

"我们可能已经把病传给了莫斯科附近的地方。我常常看到俄国士兵用绳子绑住死人的脚踝，把他们从关押我们的大建筑的二楼拖下来。死人的头在后，下来时每一步都磕在楼梯上咚咚作响。'没关系，'他们说，'反正已经死了。'"

"您认为那样做人道吗？"

"我只是告诉您我看到的东西。有时候情况还要糟，因为我看到过这种做法让活人送了命。他们的头受了伤；

楼梯上血迹斑斑，触目惊心，证明了俄国士兵的凶残。我还应该说，在执行这些残忍的处决时，有时会有军官在场。这样的事情我和我的同伴每天都看到，却丝毫没有表示抗议。苦难竟然让人变得如此残忍！我当时的想法是，明天我也可能那样；这个危险的团体泯灭了我的良心，助长了我的惰性。"

"在我看来，既然您作为所有这些事实的见证人却保持了二十八年的沉默，这种事仍然会继续发生。"

"我利用被监禁的两年小心地撰写回忆录。我写了两卷，写的是迄今为止以书面形式发表过的有关该话题的一些最奇特、最不同寻常的事实。我描写了让我们深受其害的专横的制度，描写了暴君般的贵族的残忍。贵族加重了我们的苦难，而且他们在残忍程度上超过了普通民众。我还描写了我们从仁慈的贵族那里得到的慰问和救济。我揭露了处置犯人还有本国人性命的随意和任性。总之，我什么都讲到了。"

"真的？"

"真的！在获准返回意大利的时候，在通过俄国的边境之前，我把写的东西都烧了。"

"那样做真是罪过！"

"当时是要搜查的。如果手稿被搜出来，我就要挨鞭子，然后送到西伯利亚度过余生。我在这里的沉默对于人道的事业没有帮助，但是，如果把我送去西伯利亚，我在那里的不幸对于人道的事业同样没有帮助。"

"我不能原谅您这种听之任之的态度。"

"您忘了这样做救过我的命，而我如果死了，对谁也没有好处。"

"但您回来后可以继续把您的故事写出来。"

"可我不可能再做到同样地准确，因为我不再相信自己的记忆。"

"您那两年的囚房生活是在哪里度过的？"

"我刚到达一个有上级军官的城市，就请求让我在俄军服役，这样就不用去西伯利亚。我的请求得到了关注，于是，耽搁了一段时间之后，我被送到图拉，做了总督家里的家庭教师。我在他的家里待了两年。"

"那段时间您生活得怎样？"

"我的学生是个十二岁的男孩；我喜欢他，他也非常喜欢我。他告诉我，他的父亲是个鳏夫，在莫斯科买了个农妇做情妇，那个女人把他们家搅得很不安宁。"

"这个总督是什么样的人？"

"就像传奇剧中的暴君。在他面前，要保持尊严，就只有沉默。与他同桌进餐的两年，我们没有一次能谈得来。

他有个盲人小丑，整个就餐过程中就让他唱歌，怂恿他当着我的面诋毁法国人、军队和俘虏。我的俄语足以让我听懂其中一些下流、粗鄙的玩笑，而且在回到房间后，我的学生也会为我解释这些玩笑中其余的部分。"

"太不知道替人着想了！可他们还称赞俄国人殷勤好客。您刚刚提到残忍的贵族让俘虏的命运变得更加艰难，那您碰到过吗？"

"在到达图拉之前，我把一小队俘虏中的一个人托付给一个待我们很好的老中士。一天晚上，我们在一位男爵领地上歇宿。那个男爵冷酷无情，周围的人都怕他。这个恶棍希望亲手杀掉我们，而中士很难不让那位老波雅尔爱国的怒火夺走我们的生命。"

"这些人其实是伊凡四世的仆人们的后代！难道我斥责他们没有人性错了吗？难道您学生的父亲给了您很多钱吗？"

"到他家的时候，我一无所有。为了让我有衣服可穿，他慷慨地吩咐裁缝把他的一件旧外套还回来。给他儿子的保护人穿上连意大利的仆人都不会穿的衣服，他不觉得这有什么应该感到羞愧的。"

"可听说俄国人很慷慨。"

"是的；但他们在私人的家庭布置上却极为吝啬。有个英国人曾经来到图拉。那次，在他要去拜访的几个人的家里，所有东西都换成了新的。人们忙着准备衣服，房间打扫得干干净净，蜡烛换成了烛台。总之，所有的生活习惯都变了样。"

"所有您告诉我的，恰好都充分地证明了我的看法是正确的。看得出来，先生，您的看法实际上和我一样。我们只是说法不同罢了。"

"必须承认，一个人在俄国待了两年，就变得很不一样。"

"是的，您就是这样。这种倾向普遍吗？"

"差不多吧。人们觉得暴政比言语更有力量，这样的事情即使知道也没什么用。"

"肯定是有点用的，要不然俄国人不会这么害怕。正是您应该受到责备的惰性——请允许我这么说——以及跟您的想法一样的那些人的惰性，使欧洲和世界一直受到蒙蔽，让那个国家可以肆无忌惮地压迫。"

"即便有了我们的书和呐喊，事情还会那样。为了向您证明不是只有我那样看，我要讲个难友的故事给您听听。他是法国人。一天晚上，这个年轻人到达临时宿营地的时候病了。夜里他睡得昏昏沉沉，结果早晨就被拖走，和其他尸体堆在一起。士兵们离开了一会儿，去搬别的死人，好把他们一起烧掉。他被扔到那里时，虽然身上还压着其他死人，却是仰面朝天的。那样躺着的时候，他突然醒了，有了呼吸，甚至明白了周围发生了什么，但依旧无法示意自己还活着。有个年轻的女人，被这个据说已经死了的人的脸上美丽的、令人同情的表情打动了，走了过去，发现他还活着。她找人帮忙，把他拖出来，照顾他，并最终使这个外邦人恢复了健康。他在被俘几年后回到了法国，但他也不曾写回忆录。"

"但是您，先生，一个有教养和独立精神的人，为什么不写呢？可以肯定，对于这种性质的事实，全世界都会感兴趣。"

"这一点我感到怀疑。世人只关心自己，无名之辈的苦难几乎是不会打动他们的。再说，我有家有业，我的生活要仰仗政府，而它与俄国政府非常默契，不会喜欢看到它的臣民把在那个国家发生并试图隐瞒的事情公之于众。"

"我相信，先生，您误会了您的政府。只有您——请原谅我这么说——应该为您的谨小慎微受到责备。"

"也许吧，但我永远也不会白纸黑字地说俄国人没有人性。"

"我觉得自己非常幸运，只在俄国待了几个月。因为我发现，最坦率、最有独立精神的人，在那个奇特的国家待了几年之后，就会在他们的余生一直以为他们还在那里，或者说，他们还有可能回到那里。我们对于那个国家所发生的事情之所以一无所知，原因就在这里。在那个巨大的帝国，内地的人们真正的性格如何，大多数欧洲人都无从得知。即便其他的旅行者都像您一样,出于各种各样的动机,对于有关俄国人和俄国政府可能说出的令人不快的事实，选择守口如瓶，那也不能说明，欧洲为什么就该永远也不知道在他们的模范监狱里发生的事情。在专制统治鞭长莫及的地方还称赞那种统治的温和，谨慎到这种地步，在我看来无异于犯罪。如此谨小慎微的动机真是令人费解。但是，就算还没有弄明白那些动机，我至少已经摆脱了令人失魂落魄的恐惧，而这一点，我将会用坦诚的叙述来证明。"